マーティンの

鵜の目鷹の目

世界の消費者運動も旅から

マーティン・J・フリッド 著
清水洋子 訳

日本消費者連盟 発行

はじめに

世界消費者運動の旅

私はスウェーデン南部の都市、マルメで生まれました。マルメには軍需品を製造するコクムスという企業があります。若者たちの間ではマーシャル・アーツに人気がありました。でも、私は一度もやったことがありません。スウェーデンの兵役義務もごめんでした。そうしたことよりも、10代の頃の私はお坊さんの精神修行に惹かれ、座禅や瞑想をしたものです。後になり、国際的な消費者運動に参加して、もっと辛い精神修行を日常的に経験しました。ブルッセルやロンドン、そして東京やワシントンDCの会議での準備は毎回、とても厳しかったです。

1999年にシアトルで開かれた第3回世界貿易機関（WTO）閣僚会議はおそらく最も困難な会議でした。私はホテルの部屋を出てから、ずっと、実況中継のインタビューを受けました。シアトルは熱気に包まれていました。各国のNGOが求めているのは、一般の人々を見向きもしない大企業や大手銀行、政府の求める自由貿易ではなく、消費者の権利、環境の権利でした。

2010年に名古屋市で開催された生物多様性条約締約国会議とカルタヘナ議定書締約国会合は、私が出席した会議の中でも最高に困難な会議の一つでした。NGOは互いに連絡を取り、綿密に相談し合っていましたから、会議の生みの苦しみは手に取るようにわかりました。カルタヘナ議定書締約国会合では、日本消費者連盟に所属する私は、遺伝子組み換え食品の規定の詳細を議論する政府代表者の狭い部屋に同室できました。「国際法はこんな具合に交渉されるのか」。私の目の前で、政府代表者たちはまるでレスリングをしているようでした。ボクシングさえやりかねませんでした。はて、何のため？

私を最初に消費者運動に導いたのは素敵なヘアーサロンのオーナー、シャスティンでした。彼女はサロンで有害な化学物質を使うのを止めたいと考えていました。彼女は使いたくない芳香剤や有害な化学物質の成分を皆が見分けられるようにセミナーを開くので、私に手伝ってほしいと頼んできました。私はワークショップで、女性を美しくすることになっている製品が実は健康被害をもたらし、アレルギーを引き起こし、環境を汚染していることを皆に理解してもらいました。こんな代償と引き換えの美？　ノーサンキューです。

それ以来、道筋はどんどん広がり、私は世界中の実に多くのミーティングや会議に出かけていきました。１９９６年からは遺伝子組み換え食品（ＧＭＯ）と特許を得た遺伝子組み換え種子の導入をストップさせる活動をしています。とても重要な問題だからです。

ＧＭＯに関する特別な会議が開かれた南アメリカ、コロンビアのカルタヘナへも飛んで行きました。表示と法律で食品の安全性を守るために、私たちの活動を主張するためです。日本消費者連盟も重要なメンバーになっている消費者国際機構（ＣＩ）を筆頭に、世界の消費者運動の力強さを感じました。食糧農業機構（ＦＡＯ）と世界保健機関（ＷＨＯ）が合同で開催するコーデックス委員会が日本で開かれた時、私は、オブザーバーとして、スウェーデン政府のチームに参加、バイオテクノロジーと遺伝子組み換え食品の規格に関する委員会の会議に何度も出席しました。イライラさせられる会議でしたが、こんな具合に政府は政策を立案するのかと、裏側を覗くことができました。

日本に目を向けると、１９９０年代の後半、コーデックス委員会の開催と相まって、各地でGMO反対運動と力強い抗議活動が起こりました。「遺伝子組み換え食品いらないキャンペーン」の活動家たちは、親切にも、コーデックス委員会が開かれる会場のビルに入る国連代表たちにGMOではないクッキーを手渡しました。スウェーデン政府代表のレディーがたずねました。「このクッキーは安全？」。

もちろん、安全ですよ、と私は答えました。

１９８８年8月に、私は日本へやって来ました。そのとき、はじめて口にしたお寿司やお刺身のおいしさは忘れられません。ご飯、味噌汁。日本 の食べ 物は世界一おいしいと感動しました。煮物やおひたし、漬け物など、日本にはすばらしい伝統食がたくさんあります。

しかし、日本は食料自給率がことのほか低く、「地産地消」が崩れてしまって いるうえ、ここ数年は食品業界の不祥事が相次いだことから、食べ物へ の不安 を抱いている人はとても多いことでしょう。また、子どもたちのアトピーやアレ ルギーの問題も深刻です。環境問題やエネルギー問題、貿易問題 などに関する 消費者の立場に立ったエッセーが必要とされています。なによりも私自身が、そんな本が欲しくて『マーティンの鵜の目鷹の目』を日本消費者連盟のニューズレター『消費者リポート』に何年にもわたり書きました。本書はそれを一冊に編集したものです。

翻訳の清水洋子さん

表紙の素敵な絵を提供いただいた画家の清重伸之さん

身に余る解説を書いていただいた天笠啓介さんと纐纈美千世さん

編集技術を駆使してデザインし、本書を形に仕上げていただだた高野幹英さん

困難な出版事情の中で本書の発売を引き受けていただいた社会評論社の松田健二代表とスタッフの皆様

そして、なにより私が所属する日本消費者連盟のすばらしい仲間たち

まことに「Tack så mycket!」

2021年2月

マーティン・J・フリッド

【目次】

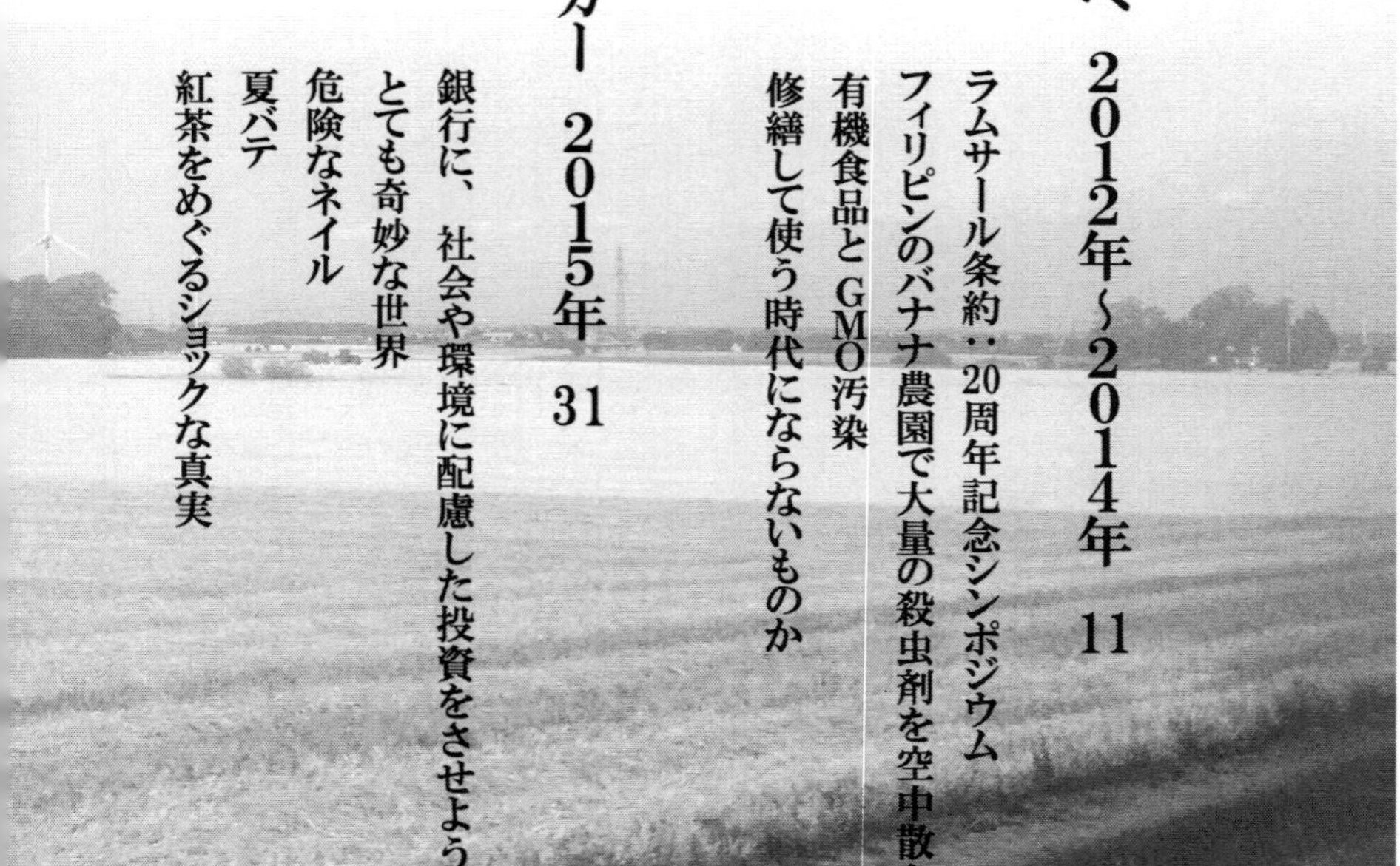

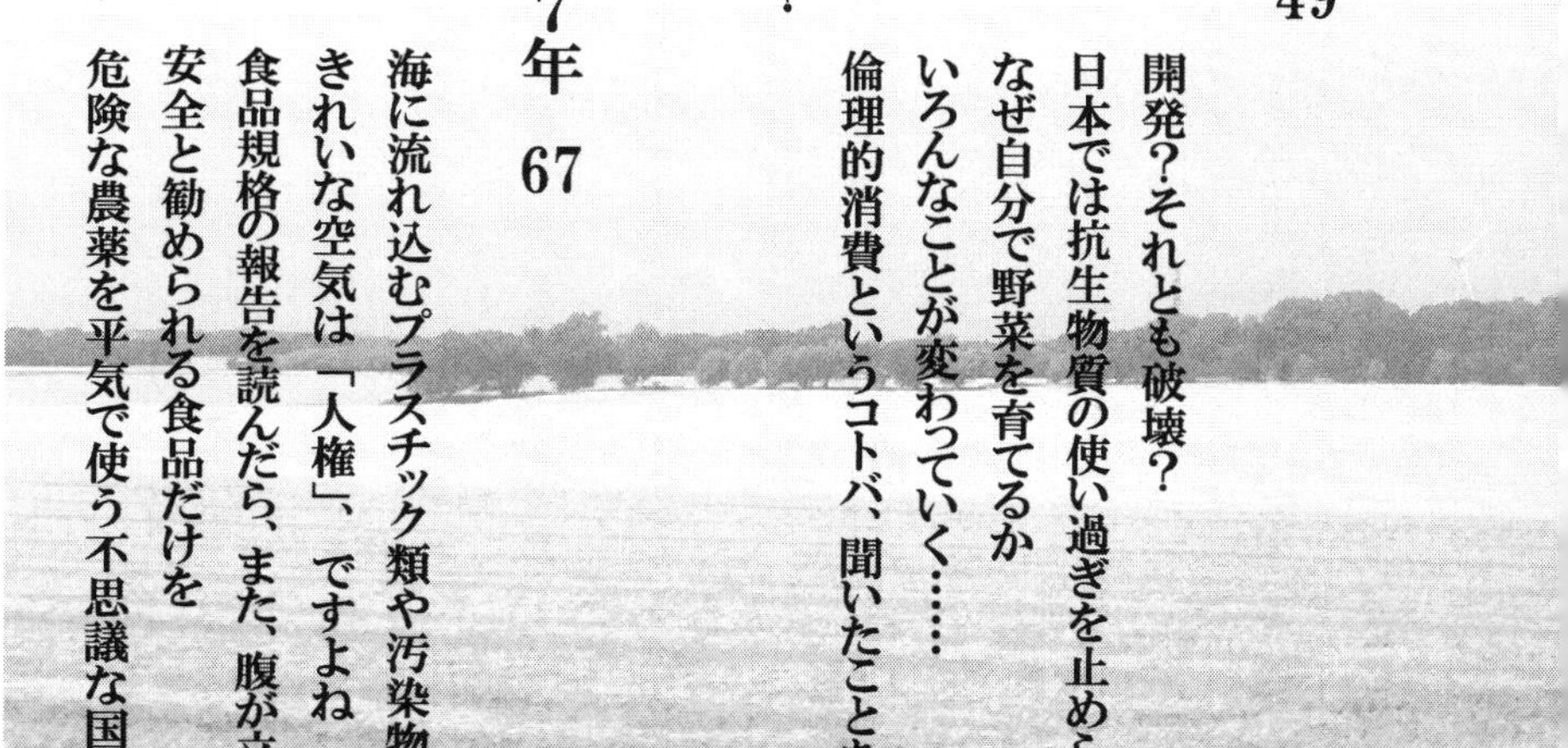

第一章

ラムサール条約からTPPへ

2012年〜2014年

ラムサール条約：遺伝子組み換え稲導入を目論む動きを阻止、「水田と害虫管理決議」を採択

湿地の保全について定めた「ラムサール条約」の第11回締約国会議（COP11）が2012年7月にルーマニアのブカレストで開かれました。生物多様性の問題で協力関係にある「ラムサール・ネットワーク日本」から、「水田に関する決議案がでているが、農薬を減らすために遺伝子組み換え稲の導入につながりかねない文言が入っており、懸念している。遺伝子組み換え問題について詳しくないため、サポートしてほしい」と要請があり、日消連・国際担当として参加しました。

多くの国で水田は渡り鳥や水生生物などの野生動物を支えています。これまで水田の生態系は農薬によって大きな被害を受けてきました。農薬は害虫を殺すことを目的にしていますが、使い過

RAMSAR 会議　ルーマニア・ブカレスト（2012 年 7 月）

ぎると、農薬に耐性を持った害虫が発生します。危険な農薬の使用を減らすには伝統的な知恵と地域独自の解決法を促進しなければなりません。

ところが、COP11に向けて配布された決議案には遺伝子組み換え稲を容認させる可能性が潜んでいました。組み換え作物は農薬使用を減らせるというのが、組み換え作物推進派の主張です。会期中は激しい議論の応酬が続きましたが、日消連も含めた各国のNGOによる粘り強い反対の結果、決議文は会議の最終日に修正され、組み換え稲導入に道を開く文言が削除されました。

実は、今回の会議で組み換え稲導入を画策したのは組み換え作物生産大国のアメリカです。しかし、オーストリアやフランス、キプロス、デンマークの代表が欧州連合加盟国として組み換え稲反対の立場で懸命に努力し、日本や韓国、中国もそれを後押ししたため、アメリカの目論みを阻むこ

棚田に水が入ると同時にカモやサギがやってくる（埼玉県横瀬町寺坂棚田）

とができました。第11回締約国会議の決議文では、「慣行栽培の稲のみ」と宣言しました。慣行栽培は遺伝子組み換え作物を含みません。これは大きな成果と言えるでしょう。

ラムサール条約は灌漑された水田を重要な湿地と定義しており、生物多様性を守るために農薬の使用を減らすべきだとしています。このことからも、毒素を作って昆虫を殺すＢｔ稲のような遺伝子組み換え稲が農薬低減のための選択肢になり得ないことは明らかです。農家が農薬使用を控える方法を学べるようにしなければ、リスク評価が完全ではない遺伝子組み換え稲がバイオテクノロジー企業などによって農家に売り込まれることになります。

今回のラムサール条約締約国会議は、「あなたの国に遺伝子組み換え稲を導入することを許してはならない」というメッセージを世界に向けて発信したと言えます。**（２０１２年９月）**

ラムサール条約：20周年記念シンポジウム

20年前の6月、北海道の小さな町、釧路で重要な国際会議が開催されました。湿地や渡り鳥の保護、多様な生物の生息する河川などの水域保全を条約国がいかに協力し合って進めることができるか話し合った「ラムサール条約第5回締約国会議」です。東アジアで初めて開かれました。会議は1週間にわたり開かれ、大きな成果を上げました。この釧路会議の開催 20周年を記念して、２０１３年7月４日、環境省、国連サステイナビリティと平和研究所、地球環境パートナーシッププラザ、日本ラムサールセン

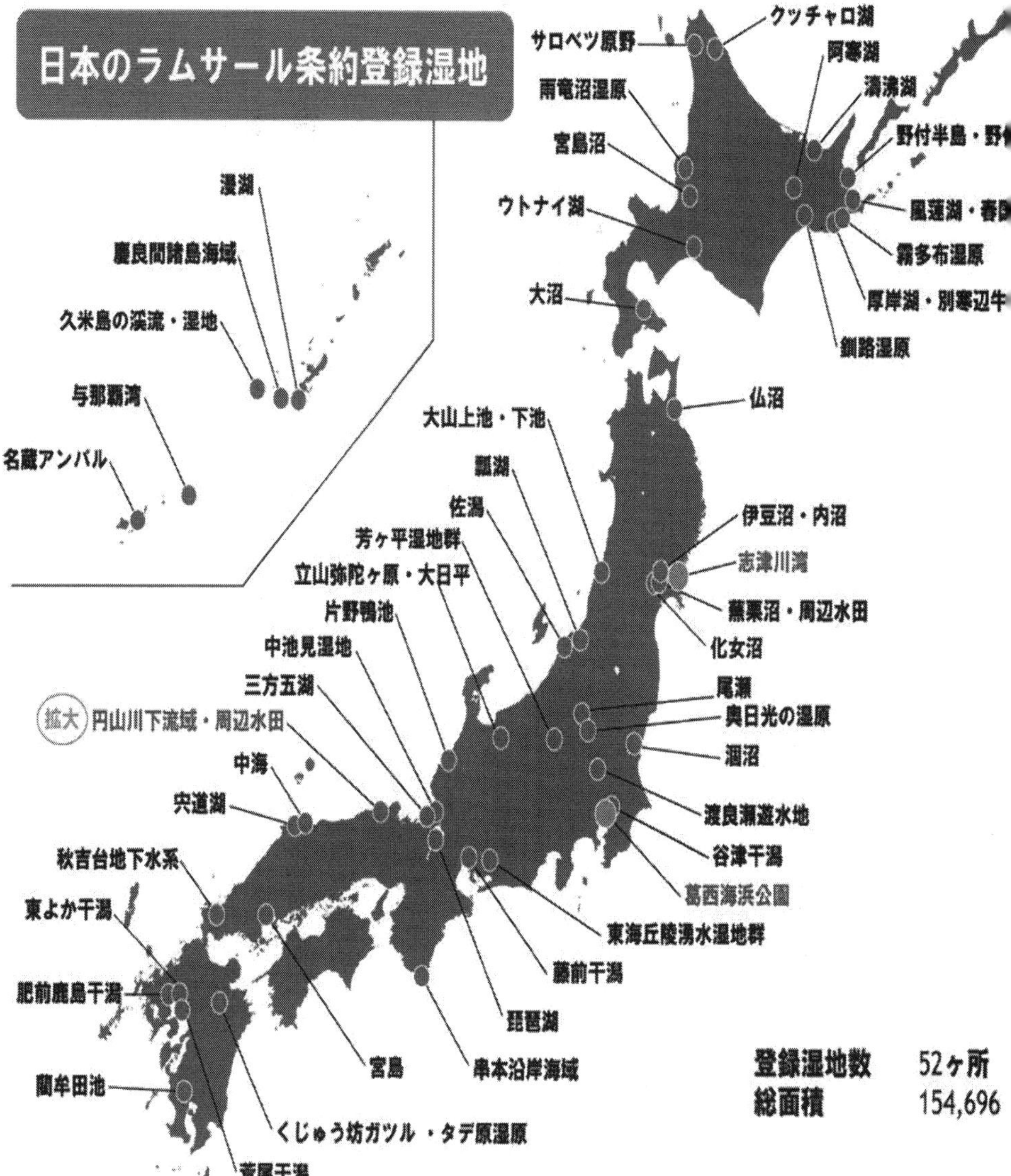

ラムサール条約登録湿地（日本）

ター、NPO法人日本国際湿地保全連合の企画により、国連大学でシンポジウムが開かれました。講演者のダニエル・デイビッド（ラムサール条約初代事務局長）、ローレンス・メイソン（1993年釧路会議の副議長）によると、今でも当時の参加者は「釧路のスピリット」を忘れていないということです。

メイソン氏によると「釧路はラムサールのターニングポイント」でした。ですが、当初、釧路会議がこれほどのマイルストーン（画期的な出来事）になろうとは予想されていませんでした。1988年〜1995年にスイスのラムサール条約事務局長を務めたメイソン氏が釧路会議の6年前に初めて釧路を訪れたとき、日本にはラムサール条約の保護地が3ヵ所あるだけでした。「釧路会議のおかげで、大きなうねりが始まりました」、と彼はシンポジウムの参加者に語りました。「会議の準備のために釧路で起こった地域活動は日本中に広がり、湿地に対する関心を育てました。1993年までに条約湿地は9ヵ所になっていました」。現在、日本の条約湿地は46ヵ所。アメリカ合衆国のような国々よりもたくさんあります。

シンポジウムのパネラーの一人、釧路公立大学の小林聡史教授は、日本の条約湿地を946ヵ所（く、し、ろ）にしたいとジョークをいって、会場を沸かせました。彼は、また、釧路会議に尽力した日本のNGOに賛辞を惜しみませんでした。釧路の成功を決定的にしたのはNGOの参加でした。この会議で初めてNGOフォーラムが開催されました。NGOは政府筋の活動には批判的で、参加しないことが結構あるのですが、この時は違いました。閉会に際して、初めてNGO宣言が発表されました。さらに、この会議が記念すべき行事になったのは4500人の市民ボランティアの活躍があったからで、これも忘れてはならないことです。

ラムサール条約は、ストックフォルムで開かれた国連環境会議の前年、1971年に採択されました。グローバルな環境条約としては最初のものでした。気候変動枠組み条約や生物多様性条約よりも早かったのです。デイビッド氏は、「私たちは条約の採択以来、湿地保護を条文の点からのみ考えて進めてきたのではありません。人間の活動がからんでいることも明らかにしています」と指摘し、「通常、ひとつの国だけが活動しても効果はありません」と述べました。

1993年の釧路宣言はラムサール条約で優先的に保護する湿地の行動計画を示し、湿地保全基金を含め、財政的、運営的な基礎をしっかり築きました。それから20年、いまだに水域は脅かされています。デイビッド氏は、どこの国でも政府が環境に目を向けたがらないと述べ、それは経済的発展を重視しているためだとも警告しました。日本は1992年にリオで開催された地球サミットの参加には積極的ではなく、そのために非難されましたが、釧路はその不名誉をみごとに返上したのです。**（2013年8月）**

TPPブルネイ会議：それで……ほんとうのところ何があったの？

私は最初、ブルネイ会議に行きたくありませんでした。お金をかけて遠くまで行っても得ことはないと思っていました。でも日消連の山浦康明さんも行くとわかり、国際消費者機構（CI）からも参加を勧められ、気が変わりました。山浦さんに初めて会ったのは1999年、シアトルのWTO会議の時。当時、私はスウェーデン消費者連盟で働いていました。シアトルはデモ隊と警官のもみ合いで、まったく戦場でした。

成田からクアラルンプールまで時間はたっぷりありました。私は米通商代表部のウェブサイトに寄せられた諸団体のパブリック・コメントを読みました。自動車業界は米国車の輸出を阻む日本の貿易障壁に文句を述べ、畜産農家は日本がもっとたくさん牛肉や豚肉を買うよう関税撤廃を求めています。日本は通貨操作をしていると激しく非難する意見もありました。日本のグループ「TPPって何？」(http://notpp.jp)もチェックしました。私の胸はドキドキしてきました。

大きな国際会議に特徴的なのは各国から集まるNGOの交流です。私たちは会議前に電話会議を開き、Eメールで意見交換しました。

ブルネイでは毎朝、TPPの政府交渉官が使用しているのと同じ建物で会議を開きました。反タバコ運動家のスーザン・リスはTPPのような国際ルールはタバコ会社の市場拡大のための策略だといって、フィリップモリスや日本たばこ（JT）にとても腹を立てていました。タバコを厳しく規制しているマレーシアのタバコ会社はガン等の病状の生々しい写真をパッケージに載せなければなりません。これは禁煙にとても効果があります。でも、TPPの規定では、そのような国は今後、タバコ会社から訴えられる可能性があります。

著作権や知識へのアクセス問題でロビー活動をしている米国のNGO、パブリック・シティズンズによると、あなたがブログ等で不本意ながらもハリウッド映画を見たとしたら、映画会社は著作権侵害を理由にあなたのアカウントの削除を要求できるのです。音楽業界も例外ではありません。これでは表現の自由や言論の自由はブロックされてしまいます。

この情報時代にあって、消費者は情報の共有が難しくなるのです。オーストラリアのデジタル同盟のトリシュ・ヘプワース弁護士からは多くのことを学びました。彼女は図書館の知的財産権コンサルタントをしていますが、有川浩原作の日本映画「図書館戦争」を熱心に推薦していました。この映画は、著作権のせいで市民が図書館の本を読めなくなる日を描いています。（私は成田への帰路、これを見ました。絶対お薦めです）

政府交渉担当官たちは会議で見聞したことを口外したり、ブログで配信しないようにと私たちに命じました。私たちは、もちろん抗議しました。そして担当官に環境や食の安全、食品表示、日本の農業についてたくさんの質問をぶつけました。例えば遺伝子組み換え食品の表示について、米国は反対しています。モンサント社が米国政府に相当な圧力をかけているのは確実です。

政府関係者はこのTPP交渉はうまくいかないだろうと語っていました。交渉開始の数日後、交渉内容に対する反対意見が多くなってきているからです。環境に対する配慮の条項は全面的に書き換えられることになりそうです。こうしたことはどこの新聞もテレビも報道していません。TPPは非常に困難な段階に来ているようです。

政府は何もかも秘密。ですから、報道陣たちはNGOにネタを求めていました。私たちNGOは毎日会議場のロビーで記者会見を開きました。日本農業新聞は特に印象に残りました。

国際消費者機構（CI）が費用を出してくれたランチ・イベントでは日消連がホスト役を務めました。席上、私は市民社会が長い歴史を持っていることを話しました。ニュージーランドの消費者団体が設立されたのは50年前、日本消費者連盟は45年前です。NGOは市民とともに多くを経験し、その「記憶」をもっています。それに比べたら、交渉担当官たちはずっと若い。かれらはNGOの専門家の意見を真剣に聞く必要があります。

何も得られないと思っていたブルネイで、結局私は多くを得ることができました。**(2013年8月)**

フィリピンのバナナ農園で大量の殺虫剤を空中散布

2013年11月、遺伝子組み換え作物(GMO)の国際会議に日本消費者連盟から参加した纐纈美千世さんと私は、フィリピンのダバオ市から来たメリー・アン・フェルテスさんからバナナ農園の農薬汚染について聞きました。朝食の食堂で私たちに近づいてきて「日本に帰ったら、みんなに伝えてください」と話しかけてきた彼女の真剣な表情が今でも思い浮かびます。彼女はダバオ市に活動拠点を置くNGOインターフェイス・ディベロップメント・インターベンションズのメンバーです。

フィリピンのバナナは、デル・モンテやドールなどの商品名で売られています。日本の企業もグレイシオ、バナージュ、完熟王などの名前で生産しています。日本で販売されているバナナの3分の1はこの企業のものです。

バナナ農園を営んでいるどの企業も、大量の殺虫剤を農園の上空から、低空飛行で、12日ごとに、年間にして30~40回ほど、空中散布しています。農園の境界線より手前30メートルで散布用ノズルを開くように、パイロットに指示している企業もあるそうです。空中散布は、人間にも環境にも悪影響を及ぼします。散布された殺虫剤は現場から30キロメートル、場合によってはそれ以上の範囲にまで空中を漂って拡散し、野菜畑や井戸を汚染しています。

バナナ農園で使用されている殺虫剤にはマンコゼブ（ダイセン）やクロロタロニルがあります。マンコゼブは甲状腺や肝臓のガンの原因になるといわれています。クロロタロニルは淡水魚やエビに有害な物質です。防かび剤として使われているトリデモルフは労働者の健康を害し、胎児の奇形を誘発します。そのために使用を禁止している国もあります。

私はフィリピン滞在中に６つの村の活動家に会いました。だれもが、先祖伝来の土地が農薬で駄目になってしまうのを恐れていました。彼らは政府に空中散布の禁止を求めています。

スミフルはミンダナオ島でバナナを栽培している日本企業

MASIPAG 会議　フィリピン・ケソン

で、住友化学の子会社です。フィリピンでの歴史は長く、ダバオ市の港湾に自前の集荷場を持っています。スミフルの農場では約2万人のフィリピン人が先に述べたような環境のもとで働いています。日本に帰ってバナナを買うとき、私はメリー・アンさんの話を思い出します。そして、必ず栽培先を確かめるようにしています。みなさんも大量の農薬を使って栽培しているバナナではなく、有機栽培のバナナを買ってください。そうすれば、農村地帯の農薬汚染を止めようとしているフィリピンの人々を支援することになります。**（2014年4月）**

TTIPで食料はどうなるか
――欧州連合の消費者が失いかねないもの

日本が大きな影響を被る可能性がある環太平洋経済連携協定（TPP）と同様に、欧州連合（EU）とアメリカ合衆国の間では環大西洋貿易投資協定（TTIP）の交渉が秘密裏に進められています。これによって最も影響を受ける分野のひとつは食料です。ちょうど、ここ日本と同じように、貿易自由化によって、消費者を保護し、情報を得るために設定された法的措置が無効になってしまうのではないかという懸念があります。

◆消費者組織BEUCの懸念

2014年5月、EUの消費者組織 European Consumers' Bureau（BEUC）は食の安全に関する問題について見解を発表しました。大きく関係するものとして、主に次の3分野を取り上げています。

TTIP に反対する欧州の人々

1　殺菌目的の洗浄剤

アメリカ合衆国では、屠殺所で肉を殺菌処理するのを認めています。そして、これは大規模に行なわれています。生産ラインの最終段階で肉を洗浄するために使われている化学薬品の中には、塩素や過酸化水素酸があります。ＥＵではそうした処理を認めていません。その効能もはっきりとは証明されていません。消費者の安全を脅かす可能性が不安視されています。

2　「農場から食卓」までのアプローチ

ＥＵでは食品は「農場から食卓」まで追跡できるようになっています。それによって食の安全性が保証されています。食の安全は生産から消費までの全過程を通して確かめられなければならないということです。こうすれば家畜が運ぶ有害な細菌に人間が汚染されるのを最小限に抑えられます。生産の最終段階で殺菌処理するよりも、公衆衛生上すぐれています。ＴＴＩＰでこのシステムがどうなるか懸念されています。

3　抗生物質耐性と成長促進剤の問題

抗生物質耐性の問題は国境を越え、ますます深刻になっています。大西洋のどちらの側でも毎年、多くの人々が亡くなっています。EUでは毎年、約2万5000人が抗生物質耐性菌による病気で亡くなっています。この問題はアメリカ合衆国ではもっとひどい状態です。消費者団体は病気の治療目的以外に牛、豚などに抗生物質を使用するのを禁止するよう求めています。欧州はホルモン剤や成長促進剤を使用したアメリカ産の肉類の輸入を禁止しています。消費者はTTIPによってこの禁止措置が解除されてしまうと強く抵抗しています。

◆BEUC会長が秘密主義を批判

「EUとアメリカ合衆国の貿易交渉は私たちの生活のほとんどすべての面に影響を及ぼします。データ保護、食の安全、医療器具などは企業と政治家だけが特権的に扱う問題ではありません。世界保健機構（WHO）や世界貿易機構（WTO）のような国際機関は、交渉の内容や進捗状況を市民社会と共有しています。環大西洋の協定

2014年3月、世界の食料安全保障についてBBCのインタビューを受けました。

でもEUは同じようにするべきで、渋っていて良い理由はまったくありません」

BEUC会長モニク・ゴエンスが秘密主義を批判したことを受け、こうした懸念についてはすでに承知している、と欧州委員会は述べています。この2月、EUの通商担当委員のカルル・デ・フフトは「私たちはホルモン剤で育てた牛肉を欧州の市場に導入しません。全面的にストップします」と再三述べました。アメリカ合衆国はこれを承諾しました。「そうでないなら、私たちはこの協定を結ばないからです」と彼はいいました。遺伝子組み換え食品（GMO）については、ワシントンDCで米国通商部代表のマイケル・フロマンとの会合の後で、カルル・デ・フフトは、EUの諸法律に従わなければならないといいました。

カルル・デ・フフトは地理的表示の必要性を強調しています。欧州には、たとえばフランスのシャンパンやイタリアのゴルゴンゾーラチーズなど、特別な原産地に由来する食品やアルコール飲料がありま す。その生産地を特定する表示をして商品を保証する制度で、知的財産権のひとつです。EUとアメリカ合衆国の交渉で意見が一致できずにいるのは、この特定地域の食品を奨励するEUの表示制度の扱い方です。アメリカ合衆国は、ヨーロッパの人たちだけが使えるこの表示を認めたくありません。欧州に輸出する自国商品のために、アメリカ合衆国はこの表示をさせたくないのです。**（2014年8月）**

有機食品とGMO汚染

有機食品に遺伝子組み換え動植物（GMO）やGMO由来の材料を使用することはできません。しかし、現実には汚染が起こっています。花粉は風にのって飛び、トラックからは種子がこぼれ落ち、自生し、ついには有機と表示された食品に入り込みます。有機農家も有機食品会社もこの現実にどう対処したらいいかわからずにいます。

農業に遺伝子組み換え技術が導入されて以来、この問題については盛んに議論されてきましたが、解決への進展は見られません。米国アイオワ州で有機認証機関の調査員をしているビリー・ハンターは、2007年の「オーガニック&非GMOリポート」で、有機食品会社の多くはGM汚染の脅威に「見ざる、聞かざるの態度をとっている」と述べています。ヨーロッパでは、スペインでモンサント社のGMOトウモロコシが自生しているのが見つかった2008年、土壌協会のグンダール・アチーツは「農業にGMOを禁止するしかない」と明言しました。

GMOに反対している米国の認証機関、有機トレー

GMOいらない!

ド協会は2014年5月、「GMOフリー（GMO Free）」よりも「非GMO（Non GMO）」の表示が好ましいとする見解を発表しました。厳密にいえば、「GMOフリー」の有機食品はないと考えているからです。汚染は偶発的に、しかし広範囲で起こっています。「非GMO」はこの事実を示すための表示だそうです。

日本政府は、そのうちに魔法か何かで、この問題は消えてしまうだろうと考えているようで、何の対処もしていません。GMOを避けたいなら、農家と一緒に、誰もが納得できる解決策を考えだす必要があります。それも、早急に！（2014年10月）

スウェーデンは脱原発のドイツにつづくか？

スウェーデンでは2014年9月に行なわれた総選挙の結果、新政権が誕生しました。そして、いま国民の多くは新政権による原発政策の行方に注目しています。

スウェーデンは環境政策や持続可能な発展を目指す取り組みで世界的に有名ですが、実は国内に原子炉が10基もあります（※）。人口950万人のこの国が原発に依存していることは、ほとんど知られていないのではないでしょうか。新政権と連立を組んだ緑の党は10基のうち少なくとも2基の即時廃炉を求めています。2011年3月の東京電力福島第一原発事故を受けて、ドイツではメルケル首相が安全検査のために老朽化した原子炉の停止を命じました。また、国内にある全原子炉の安全チェックの実施も決めました。

ヨーロッパの原発企業は通常、域内に数カ所の原子炉を持っています。たとえば、スウェーデンに本社のあるヴァッテンフォール社はドイツに2基の原子炉を有しています。もっとも、この2基は技術上の欠陥が見つかり、2011年以来、操業停止状態です。

また、核廃棄物保管の問題でスウェーデンは、オルキルオト島にオンカロ処分場（核廃棄物の長期地下貯蔵設備）をつくったフィンランドに遅れをとっています。一応、フォルスマルク（首都ストックホルムの約170㎞北方に位置）が核廃棄物の最終処分場の候補地となっています。計画では、放射性廃棄物をホウ素鋼容器に入れ、それを銅合金製のカプセルに入れるとのこと。ただ、原子力企業が10万年の耐久性を求めたのに対し、ある研究グループが2012年に明らかにしたところによると、銅合金のカプセルは1000年しかもたないことが判明しています。

ドイツはエネルギー政策の柱だった原子炉を2022年までに段階的に廃止することを決定しました。スウェーデンもそれに続くことができるでしょうか。**（2014年11月）**

※スウェーデンの2020年現在の原子炉数は7基。

修繕して使う時代にならないものか

1957年の映画にジョン・ウェインとソフィア・ローレンが演じる「失われたものの伝説」

（Legend of the Lost）があります。作中で、ソフィア・ローレンがいいます。「砂漠をひとりぼっちで歩くのってどきどきするものね。針が動かなくなった時計の表面を歩いているみたい」

私は針が動かなくなった時計を持っています。１９８０年代に新幹線の新しいラインが開通したときに支給されたもので、新幹線の運転手ならだれでも持っている携帯時計です。私はそれと同じ時計を貰い受け、大切にしていました。その時計が動かなくなり、修繕してもらうために町の時計屋へ行きました。電池切れかもしれない、油をちょっと差せば動き出すかもしれないと思っていました。ですから、修繕できないといわれたときはびっくりしました。

１９８０年代に作られたこの時計は精密で正確に時を刻み、日本の誇りといっていいものでした。他の国々もそうですが、この国もいま、修繕して使うどころか、長持ちしない製品ばかり作っているという声を耳にします。長年にわたって保証できる製品をつくる能力があるというのに、一体どうしたことでしょう。企業で働いている人々にはもっと誇りを持ってほしいです。

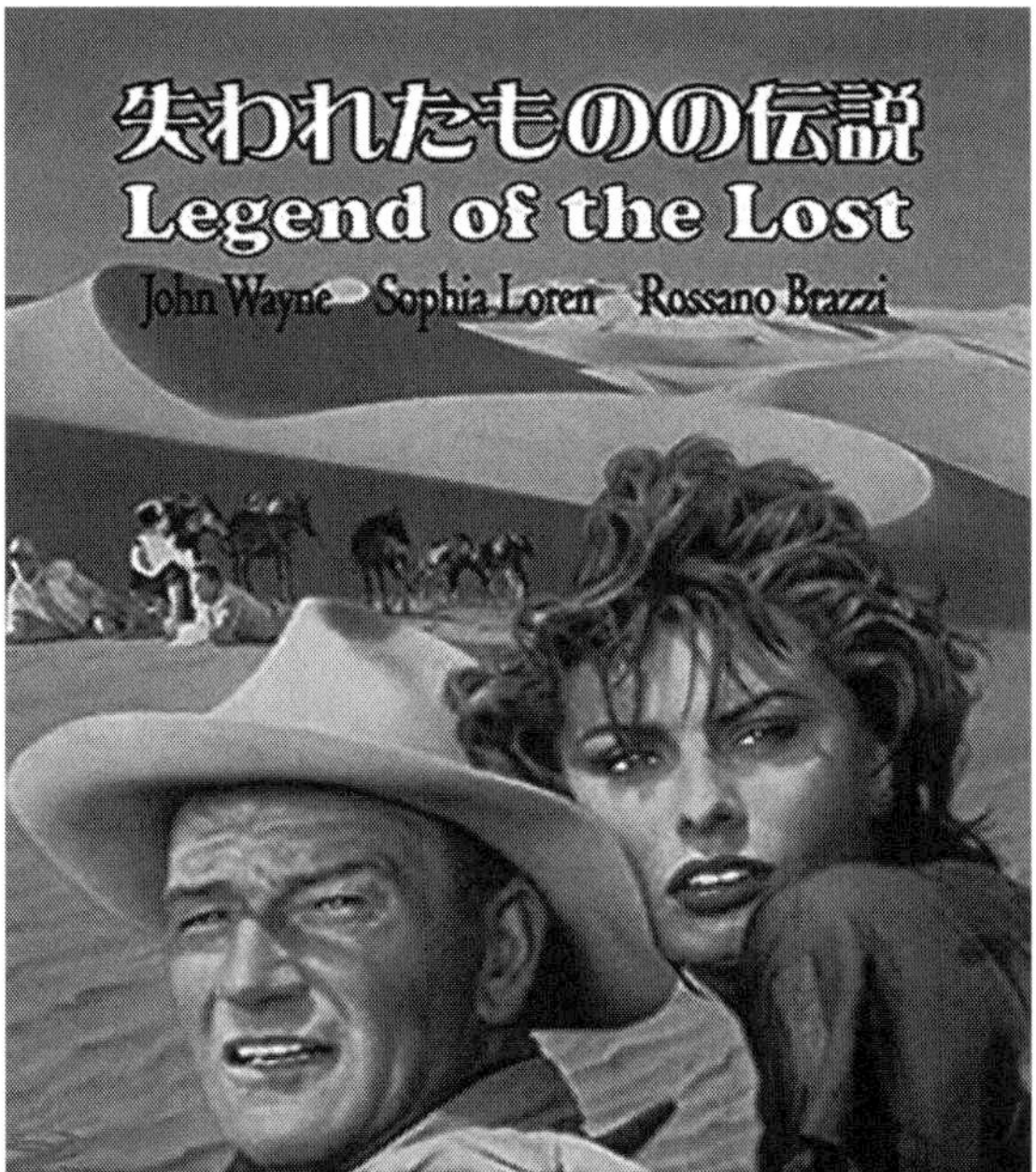

『失われたものの伝説』ブルーレイ版パッケージ

21世紀にあって、世界の消費者が気にしているのはまさにこの問題です。

「使い捨て」の時代といわれています。使い捨てを前提にした製品を大量生産する結果、どうなるか。企業も消費者も真剣に考えなければなりません。

サハラ砂漠の真ん中で、ジョン・ウェインがソフィア・ローレンにいいます。「ドレスが裂けているよ」。彼女ははっとします。恥ずかしく思います。でも、彼女は濃い緑色のドレスの裾を慎重に持ち上げながら、プライドを持って答えます。「繕うわ」**（2014年12月）**

第二章

アメリカの食を変えたブロガー

2015年

日本旅行がブームだけれど……

日本旅行は素敵です。外国から初めて日本にくる旅行者には多くの発見があります。景色のすばらしい場所もいっぱい。ハイライトのひとつは何といっても美味しい食事です。でも、メニューのほとんどは日本語で書かれています。それでも手振り身振りと笑顔で何とかなります。混乱はあっても、あとになれば笑い話です。けれども日本政府はそうした現実の問題には関心を払わず、ひたすら外国人旅行者を増やそうとやっきになっているようです。

奈良や京都のような有名な観光地の道路はとても混雑しています。２０１４年秋、私は清水寺へ行って、びっくりしました。何千もの人々が清水寺のイルミネーションを見ようと列をなしていました。その同じスポットを目ざして、タクシーや観光

嵐山・京都

バスまでが狭い傾斜道を走っていました。もし緊急事態が発生したら、どうなるでしょう。徒歩旅行者の安全のために、こうした神社や寺院の近くへの車両乗入れは禁じてもらいたいです。

全国の観光地を網羅したツーリストインフォメーションセンターは東京駅近くの狭い営業所にあります。他の観光案内所はどこも、もっと狭く、スタッフ不足です（※）。２０１４年に日本を訪れた観光客は１３００万人以上。はっきりいって、対処しきれませんよね。

観光事業は旅行者の関心事に直結するサービス業です。禁煙室のないホテル、約束していたサービスをやらないホテルもあります。必要な情報も不足しています。たとえば、新幹線の客席には大きなトランクを置くスペースがありません。また、旅行が台無しになっても、苦情を言える場所も方法も知らされていません。日本政府は日常的に起こっている不便な点や厄介な点を正直に外国人旅行者に伝えてほしいものです。

※日本政府観光局認定の外国人観光案内所３６５か所（２０１４年11月現在）のうち、少なくとも英語で対応可能なスタッフが常駐するのはわずか１２２か所。**（1月）**

銀行に、社会や環境に配慮した投資をさせよう

スウェーデンの銀行や年金基金の多くは企業へ投資する際、いくつかのルールを持っています。たとえ

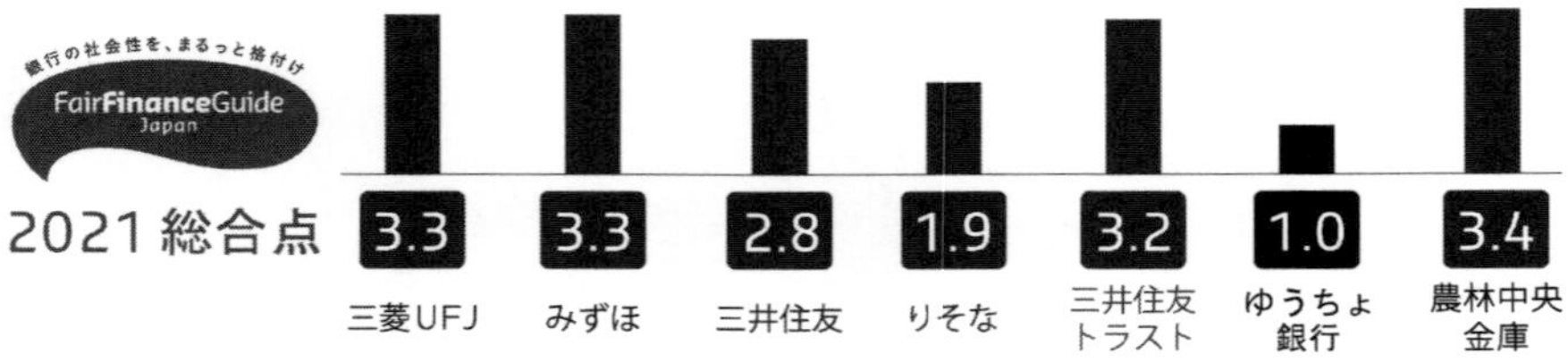

Fair Finance Guide Japan のサイトから 2021 年版

ば、倫理的投資です。これは武器製造や環境破壊に関係する企業には投資しないということです。人権や働く権利への関心も高いです。自分のお金を預けている銀行にそのような権利を支援する投資を求めているスウェーデン人もいるからです。

オランダで2009年、銀行の社会性を格付けするフェアファイナンスガイドが始まりました。日本でも国際青年環境NGOのA Seed Japan、NPO法人環境持続社会研究センター、NPO法人アジア太平洋資料センターが共同でフェアファイナンスガイド・ジャパン（※1）を立ち上げ、日本の5大銀行を慎重に調査しています。2014年　12月に開設されたWEBサイト（※2）見ると、気候変動や兵器産業などに関する5大銀行の投資状況を比較できます。

たとえば、みずほ銀行は投資方針の情報公開では比較的透明性が高い（10段階評価で5点）ですが、気候変動への取り組みは3点。兵器産業への投資に関しては4銀行がゼロ点。三井住友トラストだけが1点ですが、1点ではあまりにも低すぎます。りそな銀行は自然環境や食の問題（GMOや農薬など）など、ゼロ点が並んでいます。国際基準の13テーマのいずれにおいても10点満点の銀行は皆無です。

でも、改善の余地はあります。フェアファイナンスガイド・ジャパンのWEBサイトを訪問してください。皆さんのメッセージは直接、それぞれの銀行に送られます。欧州では多くの年金基金が環境や社会に配慮した投資をするようになりました。大

切な蓄えが善いことに使われるようにと望む人々が増えた結果です。これ、実にグッド・アイデアだと思います。**（2月）**

※1スウェーデン国際開発協力庁の支援を受けています。

※2http://fairfinance.jp

種を蒔くにはよい季節

このエッセイを皆さんが読む頃、私はせっせと畑を耕して種を蒔いていることでしょう。3月は野菜づくりにとって大事な時期です。まだ、ちょっと寒いですが、日当たりもよくなり、蚊もいません。あちこち筋肉痛になりそうですが、夕方、温かい風呂に長いこと浸かれば、疲れも吹っ飛びます。

もっと多くの人々に野菜づくりに参加してもらいたい、採りたての新鮮な食べものを味わってもらいたいと私は願っています。2015年3月7、8日に東京で第43回日

みんなで種まき（秩父雑穀自由学校）（撮影：大野和興）

本有機農業研究会の全国大会が開かれ、「出会う、学ぶ、つなぐ『提携』」のテーマでパネルディスカッションがありました。パネリストのひとりとして、自分の経験を報告しました。私が野菜づくりに関心を持つようになったのは、地元の農家の人たちが畑仕事の手伝いをさせてくれたからです。おかげで農作業の基本を学び、畑仕事がすっかり気に入ってしまいました。今、私は毎年30種類ほどの野菜を育てて楽しんでいます。もちろん無農薬です！

農家が近隣の人たちに、一緒に農作業をしませんかと呼びかけ、自分の畑やビニールハウスに招く努力をするのはとても重要です。作業全般の手伝いをする必要はなく、月に1回でいいと告げ、日時を定めます。草とり、種蒔きは大勢でやれば簡単です。そして、収穫時の喜びは格別です。新しい形のエコツーリズムとして、もっと広がらないものかと思っています。

2015年1月31日から毎週土曜日、NHKが山梨県を舞台にして限界集落の村民が有機農業で村おこしに挑むドラマを放映しています。時代が少しずつ変わってきたかなと思いながら、結構ハマって観ています。日本にもっと有機農業が広まってほしいと願っています。**（3月）**

とても奇妙な世界

ミヒャエル・エンデの書いた『モモ』に登場する灰色の男たちは、人々から盗んだ時間——ユリの花として描かれています——でつくった葉巻をふかしています。彼らはこの葉巻がないと存在できないのです。この不思議な世界にあって、モモだけが盗まれた時間を取り戻し、人々を救うことができます。

私たちは石油やガス、石炭、原子力からつくられたエネルギーを浪費する生活をしています。多くの人は質素だけど豊かな生活というものを忘れてしまいました。有機農家だって車や農機具にガソリンを使っています。そうでなければ、どうやって耕作し、収穫物を市場に持っていけるでしょう。熱心な活動家も電気に頼ってコンピューターを使っています。そうでなければ、どのようにして最新のニュースを得たり、メッセージを広めたりできるでしょう。

私もロビー活動のために国連の国際会議へ出かけるとき、飛行機に乗りますが、気がとがめます。ところで、こうした会議のホールには許可証を持たない人は入れません。例えば、日本

2014 年 10 月の韓国・平昌で生物多様性の CBD 会議

消費者連盟の一員として参加すると正式に登録しないと中へ入れないのです。

そういうわけで、私は始終、重たい通行証を首にぶら下げることになります。通行証には顔写真がついているので、警備員は私を認識できます。1999年にシアトルで開かれた世界貿易機関（WTO）閣僚会議では、警察がWTOに抗議する人々に暴力をふるい、催涙ガスを浴びせましたが、私は通行証のおかげで助かりました。

2014年には韓国での生物多様性国際会議でデモをしようとしましたが、何度申請しても、警備上の理由で認められませんでした。私たちは諦めることなく、最終的には平和的なデモをすることができました。でも、通行証をもっていたにもかかわらず、警備で固めた門の中へは行進させてもらえませんでした。私はミヒャエル・エンデの物語を思い出しました。私たちはとても奇妙な世界に住んでいます。**（4月）**

ひとりのブロガーがアメリカの食を変える

ひとりでも驚くようなことができるものです。私の好きな言葉にマーガレット・ミード（※1）の「一握りの思慮深く熱意ある市民が集まれば、世界を変えることができる。これまでも、世界はそうやって変わってきたのだから」があります。

いま、ひとりの女性がアメリカの食品業界を揺るがしています。彼女の名前はヴァニ・ハリ。「フード・

ベイブ」というブログ（※2）を書いています。「ベイブ」はかわいい女の子という意味ですが、その名の通りキュートで、しかもとても頭が切れる女性です。

彼女が2011年に始めたブログはまたたくまに多くのファンを獲得しました。あるとき彼女は、有害だと思われる材料がサンドウィッチに入っていることをブログに書きました。すると、その会社はサンドウィッチから着色料やコーンシロップ、ブチルヒドロキノン（TBHQ）を取り除いたのです。フード・ベイブは大成功をおさめました。ちなみに、TBHQは発がん性が疑われている物質です。

2014年のインターネット署名活動では、クラフト・フード社に食品から黄色5号・6号などの着色料を除くよう求めた要望書に34万8000人が署名。また、ビール会社に原材料の表示とビールや食品からカラメル色素Ⅳを取り除くよう求める署名も始めています。

署名活動の大成功で、彼女は食品関係の専門家から批判を受けるようになりました。ただこれは、問題に気づき始めた人が増えていることの表れだと思います。彼女は手作りで健康に良いレシピを広める活動もしています。今年2月に出版した本はたちまちベストセラーになり、タイムマガジン誌はネット上で最も影響力を持つひとりとして彼女の名前をあげています。私はフード・ベイブのファンです！（**5月**）

※1アメリカの文化人類学者（1901―1978）
※2WEBサイトの一形態 http://foodbabe.com/

危険なネイル

２０１５年５月のニューヨーク・タイムズ紙に 13カ月に及ぶある調査の結果が、驚くべき事実とともに掲載されました。アメリカではネイルサロンが繁盛していますが、そこで働く人の多くは賃金の安い移民で、深刻な健康問題が起こっているにもかかわらず、きちんと対処されていないというのです。

同紙は次のように書いています。「ネイルサロンで使われている商品には、ガンの原因になる化学薬品や、胎児の異常な発育や流産の原因物質、性と生殖にかかわる健康を損なう物質が使われている。多くの調査から、ネイリストやヘアドレッサー、メークアップアーティストなど美容部員のホジキン病（悪性リンパ腫の一種）による死亡率や低体重児の出産割合が高かったり、ガンの一種である多発性骨髄腫の発症率が高くなっていることがわかった。しかし、限定的な調査のため、報告は確定的な結論を避けている」

マニキュア用商品に使われている化学物質のうち健康に最も有害なのは、フタル酸ジブチル、トルエン、ホルムアルデヒドの3つ。欧州連合（ＥＵ）は２０１６年からホルムアルデヒドを禁止する予定です。アメリカでは１９３８年の食品・医療品・化粧品法制定以来、企業は新しい規制と闘ってきたとニューヨーク・タイムズ紙は指摘しています。

あなたの知り合いに、かわいくなりたい、キレイになりたいと思っている人はいませんか。いたら、教えてあげましょう。「ネイルサロンは避けた方がいいよ」と。そしてネイリストの友人がいたら、この実態を伝えてあげてください。**（6月）**

抗生物質を減らせるか?

最近、抗生物質の使い過ぎについての議論が白熱しています。欧州連合(EU)では、もし米国との間で環大西洋貿易投資連携協定(TTIP)が締結されたら、ヨーロッパに安い米国産の食肉がどっと入ってくるだろうと懸念しています。EUの動物福祉に関するルールは米国よりもずっと厳しく、成長促進剤として家畜に抗生物質を使用するのを禁じています。

ところで、マクドナルド社は米国で販売する鶏肉への抗生物質の使用を段階的に廃止すると発表しました。米国最大手の食肉加工会社タイソン・フーズは2017年までに使用量を減らすと約束しました。ワシントンポスト紙によると、タイソンは週あたり3800万羽のブロイラー(食肉用の鶏)を処理して

木陰で土をついばむ自然養鶏の鶏。抗生物質はいらない(山形・菅野農園、ブログ「ぼくの鶏は空を飛ぶ」から)(撮影:菅野芳秀)

いますから、これはビッグニュースです。米国の消費者団体コンシューマーズ・ユニオン（CU）のジーン・ハロランは、今回のマクドナルドの決定を抗生物質の過剰使用に対する闘いの「重要な一歩」だとし、豚肉や牛肉でも同様に抗生物質の過剰使用を止めるよう同社に求めています。

このような中、国際消費者機構（CI）はファストフード最大手の3社（マクドナルド、サブウェイ、ケンタッキーフライドチキン）に抗生物質を減らすよう求めるキャンペーンを始めます。CIのメンバーである日消連もキャンペーンに参加することにしました。米国のマクドナルドにできて、他の国で他の企業ができないなんてナンセンスです。マックやサブウェイ、KFCは日本を含めた他の国々でも責任を持って対処すべきです。

抗生物質の多用によって、すでに多剤耐性菌の出現といった弊害が出ています。現在、米国では耐性菌感染症が原因で毎年200万人が罹患し、2万3000人が死亡しています。2013年のミシガン州立大学の調査によると、中国はもっとひどい状況だといいます。

私たちのキャンペーンによって、抗生物質の過剰使用という持続不可能な慣行に注目が集まり、食肉産業を変える一助になればと願っています。**（7月）**

夏バテ

スウェーデンではどこの学校でも夏休みは6月始めから8月中旬までのおよそ2〜3カ月間です。

暗くて長い冬が終わり、とてもいい季節だからです。私は夏休みになると、湖で泳いだり、弟をからかったりしながら、一日中外で遊びまわったものです。

ここ日本では、子どもたちは外で遊んで楽しむ代わりに、室内で勉強しています。とても気の毒です。彼らはこの熱さで活力が失せて、そんな状態では勉強どころではないでしょう。

日本の夏は長い休暇をとるには暑すぎるかもしれません。気温が35～36度Cまで上がるなかで、さっそうと森を歩くなんて無理ですし、蒸し暑い中でサッカーのようなスポーツをしたい人などいないでしょう。ランニングするには大量の水を持たなければなりません。私の近所の人たちは、夕方になると犬の散歩に出か

熊野古道・和歌山県

けます。その時刻なら、犬も飼い主もあまり汗をかかずにすみ、散歩するのが楽だからです。

ところで、日本で開催された１９６４年のオリンピックは10月でした。とても理性的な選択だったと思います。２０２０年7月には何千人もの人々がオリンピック・パラリンピックの競技に力の限りを尽くそうと、日本にやってきます。でも、7月の首都圏は最悪の暑さです。オリンピック・パラリンピックは10月の開催に変更したらどうでしょうか。とんでもない国立競技場のデザインを変更し、もっとお金のかからない施設にすることになりましたしね。

最後にもうひとつ提案があります。気候変動の問題にもっと真剣に取り組みませんか。これまでのように何でもかんでも利益優先でやっていたら、事態はちっともよくなりません。私の夏バテも、もっとひどくなるでしょう。（8月）

「ビッグブラザー」から番号をもらう日

１９４7年、世界に先駆けてスウェーデンに国民総背番号制が導入されました。スウェーデンで生活したり働いたりするすべての市民に個人番号が与えられ、税金や年金の管理、医療機関での健康保険番号として使われています。

しかし、あらゆる個人情報がコンピュータに蓄積されるにつれ、あまりにも多くの個人情報を政府が握ることに対して強い批判が出てきました。政府だけではありません。企業が共有する個人情報も増えています。２００６年には、人格権としてのプライバシー保護と市民権の強化を訴えて「海賊党」が結成され、日本を含む他国でも同様の政党が生まれています。

１９９３年、ほぼ10年ぶりに海外からスウェーデンに帰国したとき、もとの生活に戻るのに思いがけず苦労したことがあります。生まれたときについた個人番号を示すＩＤカードが失効していたのです。カードがないと銀行口座が開けず、給料の受け取りもできません。保険の加入もダメ、電話を引くのもやっとでした。当然、仕事や留学で他の国からスウェーデンに来る人にとってはやっかいな制度です。番号取得にはビザが必要ですし、手続きには時間がかかります。その点、日本は暮らしやすいなあと思いました。

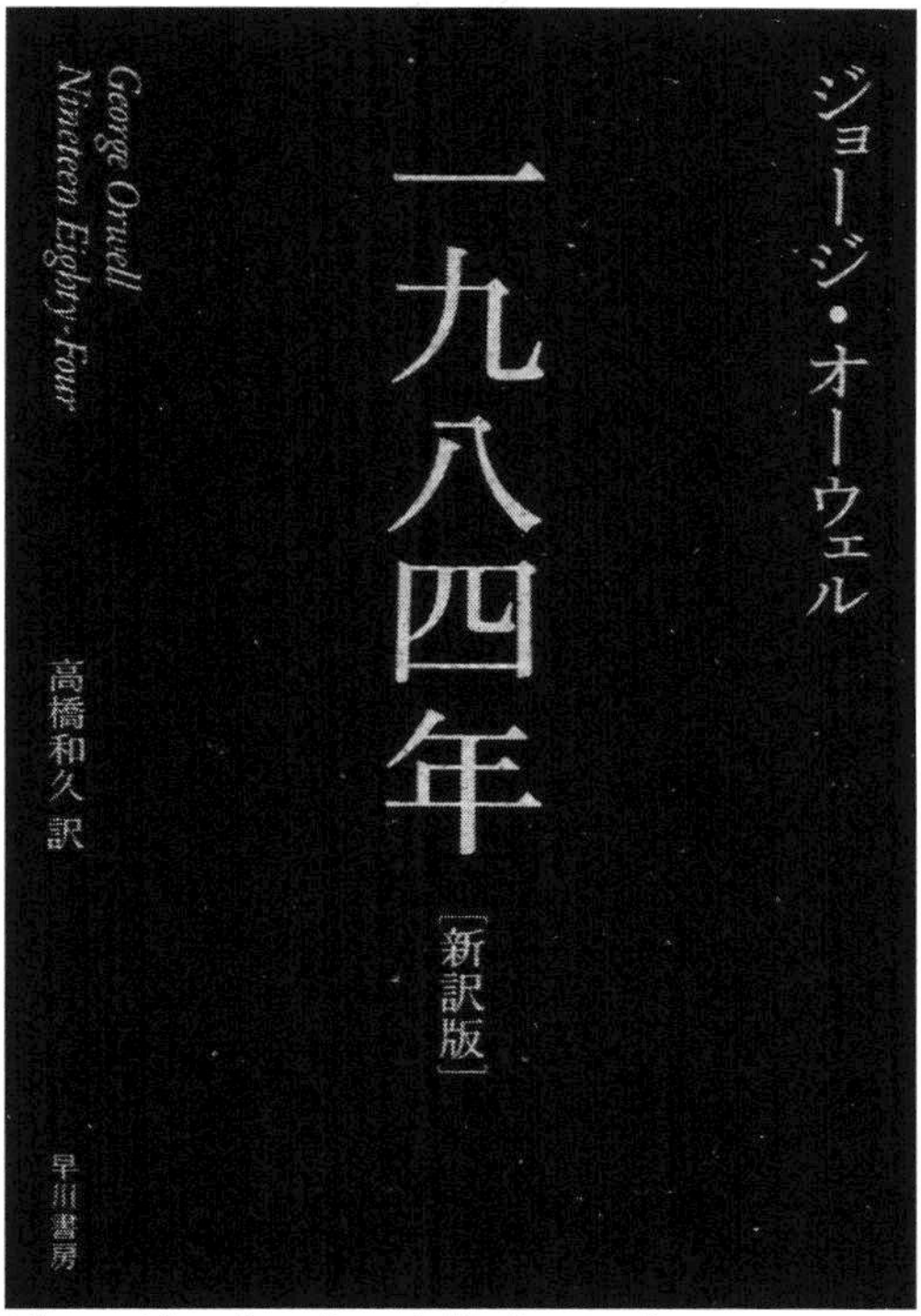

ジョージ・オーウェル著『1984 年』
ハヤワカ epi 文庫版

マイナンバー制度の導入で、日本でもさまざまなトラブルが起きるでしょう。特に最初の数年間は、混乱や差別の問題が起こってくると覚悟しておいたほうがいいかもしれません。かのジョージ・オーウェルが著書『１９８４年』で描いた「ビッグブラザーがあなたを見守っている」社会に、一歩近づいたことは確かです。プライバシーを守るための対策はどうなっているのでしょう？　データの流出・濫用を防ぎ、万が一のときも救済される仕組みは？　被害にあった個人が頼れるところはありますか？（9月）

紅茶をめぐるショックな真実

私は紅茶が好きで、アールグレイをよく飲みます。ベルガモットの風味があって、香りがさわやかです。でも、最近、インドの紅茶プランテーション（※）を調査したBBCの記事を読んでショックを受けました。

インド北東部のアッサム州で行なわれたBBCの調査によると、そこで働く労働者たちには清潔なトイレが提供されていませんでした。児童労働の証拠もあります。また、農薬散布に携わる労働者はマスクなしで働かされています。さらに、労働者の住まいは壊れかかった小屋で、衛生状態も悪いことがわかりました。生活条件も労働条件もきわめて悪く、安い賃金で働かされています。労働者やその家族は栄養状態が悪く致命的な病気にかかりやすいといいます。

もっと悪いのは、アッサムの紅茶製品の多くに国際的な非営利団体レインフォレスト・アライアンスの認証ラベルが貼られていることです。団体のロゴと緑のカエルがついたものです。日本でもこのラベルを貼った商品は紅茶以外にもたくさん見ることができます。

環境倫理の認証組織であるレインフォレスト・アライアンスはＢＢＣの調査で明らかになった会計監査の不備についてしぶしぶ認めました。調査に対する弁明は、私に言わせれば、信じられないくらいお粗末です。レインフォレスト・アライアンスは生物多様性や持続可能なくらしを保持するために仕事をしていると断言しています。こんなやり方で消費者を惑わすのはひどいと思います。**（10月）**

※この農園はＰＧティップス、リプトン、テトリー、トワイニングの紅茶商品を扱う企業に茶を供給している。

欧州でもＴＴＩＰ反対の動き

米国と欧州28カ国（ＥＵ）が環太平洋経済連携協定（ＴＰＰ）の欧州版ともいえる環大西洋貿易投資協定（ＴＴＩＰ）の交渉をしていると知った時、すごくびっくりしました。なぜなら、スウェーデンにいたときから私がずっと関わっている食品安全や農業問題などで、米国と欧州の考え方はまったく異なっていたからです。

米国もＥＵも、それぞれの議会が承認できるような協定をどうやってまとめようとしているのでしょうか。ドイツは投資紛争を解決するための制度（ＩＳＤ条項）を拒否しています。米国とＥＵでは食料や農業に関する法律が、食肉から遺伝子組み換え（ＧＭ）作物に至るまでことごとく異なっています。欧州の消費者が食品表示法の変更を受け入れるなんて想像できないし、米国が急に気候変動枠組条約や生物多様性条約といった環境保護に関する条約を批准するとは考えにくい。

貧困撲滅に取り組むＮＧＯグローバル・ジャスティス・ナウの責任者ニック・ディアデンは英国の主要紙ガーディアンに「ＥＵの交渉官は、ＴＴＩＰ交渉でＧＭ作物や塩素洗浄された食肉のＥＵへの流入が加速するだろうと述べた」と語っています。ただその一方で、発がん性成分を有する危険な農薬30種類以上を禁止するＥＵの計画を中止させようとした米国の役人が非難されたりしています。また、ＥＵでは化粧品の動物実験は禁止ですし、クローン技術には強い抵抗があります。

なので10月にベルリンで行なわれた25万人規模（主催者発表）のＴＴＩＰ抗議デモの映像を見ても、驚きませんでした。この秋、ＥＵで３００万人以上の人たちがＴＴＩＰ反対署名をしたことにも勇気づけられています。

私は心の底から、民主主義を守りたい、ＴＰＰもＴＴＩＰもはねつけたいと思っています。ただそれは、これらの協定で巨万の富を得る特権階級に挑戦することでもあるのです。**（11月）**

第三章

夏野菜を育てる

2016年

50 日消連に関心を示す海外の研究者

最近、日消連の事務所に興味深い訪問者が何人もやってきました。私たちの活動に対する関心が、海外の研究者たちの間で高まっているようなのです。訪問者の質問はさまざまですが、とくに日本の食料事情、食の安全、そして日消連が関わる活動について知りたがっています。海外では、消費者と消費者組織の多様な役割について、たぶん今のところ、日本の研究者以上に詳細に調査、研究がされているのは明らかです。

2015年に訪ねてきたのは、スイスのチューリッヒ大学の学生、ベルギーのゲント大学とロヴァーツ・カソリック大学の学生で、いずれも博士課程の学生です。秋田大学で調査研究しているステファニー・アスマン博士も来られました。私たちはあれこれと語り合いました。米国ロードアイランド州ブライアント大学のニコル・リン・フライナー博士は、日本の農業と持続可能性について研究しています。日消連のような非政府組織の役割にもとくに関心をもっています。

私がとくに感銘を受けたのは、日消連のキャンペーンのやり方についてのあれこれや、企業や政府にどの程度の影響を与えることができるか、という質問の内容の深さでした。日消連は多くの責任を負っていると考えずにはいられませんでした。こうした組織で仕事をするのは、ハッピーで誇らしいです。私たちは、日本の市民社会の活発な動きを海外の人々に広めようとしています。日消連を訪れた研究者たちが、そのすばらしい研究論文を発表して、私たちを手伝ってくれたらうれしいです。**（1月）**

開発？　それとも破壊？

私が住んでいる埼玉県飯能市にある静かな湖が突然、５００万ドルで活気あるテーマパークに開発されることになりました。すでに飯能駅には、私が子どもの頃に好きだったフィンランドの作家トーベ・ヤンソンが創造したムーミン谷の仲間たちの像が飾られています。開発のテーマは、フィンランド語で「森」を意味する「metsä（メッツア）」だそうです。でも、はっきり言って、ムーミンを称えるために森を壊すなんて、どうかしているのではないでしょうか……。

飯能市はコンクリートジャングルの首都圏の端っこに位置しています。私はここの豊かな森林や川が大好きです。日帰りで山歩きを楽しむ人にも人気の場所です。市役所には、自然との触れ合いに力を入れているエコツーリズム推進課がありま

宮沢湖・飯能・埼玉県

す。すでに飯能には、ムーミンの世界をモチーフにした、小さなテーマパーク「あけぼのの森」がありま す。子どもにも優しい公園で、何より無料なのがいいです。新しくできる商業施設のムーミンランドにも無料で楽しめる場所があるようですが、湖周辺の素晴らしい遊歩道にはもう近づけなくなるのではないかと心配しています。

日本がもっと取り組まなければならないのは、自然の中に出掛け、新鮮な空気を吸い、素晴らしい風景に接する体験ができるようにすることではないでしょうか。見せかけのプラスチック像を飾り、大量生産の商品やマスコットをならべたテーマパークが本当に必要なのでしょうか。飯能市は、このプロジェクトによって雇用が生まれ、市の経済が活性化し、新しい居住者を呼び込むことができると考えています。私にはムーミン谷のリトルミイ（ちびっこのミイ）のことばを引用することしかできません。「最高を期待して、最悪のための準備をしておきなよ」**（3月）**

蚊との戦いに深刻な問題

ブラジルをはじめ南米諸国でジカ熱が流行しているというニュースが人々を不安にさせています。ジカウイルスを広めているのは蚊です。解決策として、ピリプロキシフェンを含んだ殺虫剤「スミラブ」が使われていますが、ブラジルでは蚊の繁殖場所である飲料用水のタンクにこの殺虫剤を投入しています。ちなみに、スミラブは住友化学が製造しています。

今年2月、ブラジルとアルゼンチンの医師のグループは、先天的に頭部の小さい小頭症の新生児がブラジルで急増したのはジカウイルスによるものではなく、蚊を殺すための幼虫駆除剤が原因かもしれないと警告を出しました。世界保健機関（WHO）はスミラブを飲料水にじかに投入するよう奨励しています。私には殺虫剤と小頭症の関連性は分かりません。でも、少なくともこのような方法が賢い解決策だとは思えないのです。殺虫剤は決して無害ではありません。影響を受けやすい人たち、とくに妊婦や幼児からは遠ざけておくべきものです。

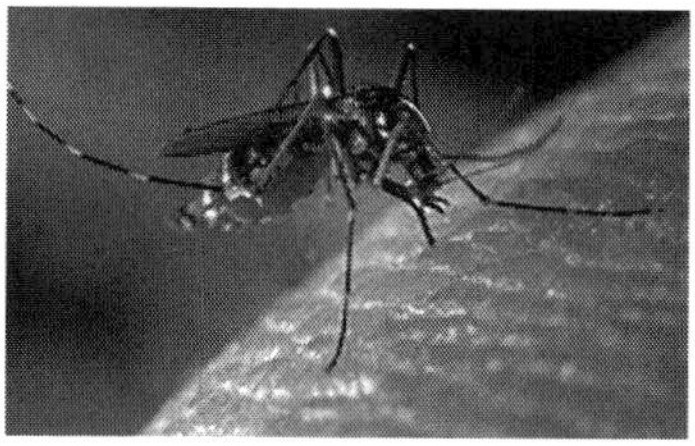

血を吸う蚊

そもそも、ボウフラが発生するようなタンクの水を飲まなければならない人たちがいるというのが問題です。例えば、飲料水をためるタンクにネットを張るとか、蚊が入らないようなタンクにするとか、他の方法も考えられます。政府開発援助（ODA）は、殺虫剤ではなく、より安全な他の方法のために使われるべきだと思います。

２０１４年に東京でデング熱が発生した際、感染場所と見られる代々木公園の蚊を退治するために散布された殺虫剤の一つが、このスミラブです。この時、公園は閉鎖され、あらゆる予防措置がとられました。南米でも殺虫剤をもっと注意深く取り扱い、深刻な健康問題が起きるのを避けてほしいと願わずにはいられません。**（4月）**

日本では抗生物質の使い過ぎを止められるか

私はとっても健康です。最近、私はスウェーデンに住んでいる高齢の両親に宛てた手紙にそう書きました。医者にかかることは滅多にありません。でも、やむを得ない場合もあります。そんな時、医者は応急手当をしてくれ、適切なアドバイスをしてくれます。でも、気付いたことがあります。日本の診療所や病院で使用される抗生物質の量です。とても多いのです。抗生物質耐性菌の世界的なまん延を考えると、これは大きな問題です。

厚生労働省はこの4月、抗生物質耐性菌の問題に対処するため、２０２０年までに使用量を現行の3分の2に減らす行動計画を作りました。どのようにしてこの目標を達成しようとしているのか、詳しいことはわかりません。主な取り組みは国民の教育になるでしょう。近い将来、通常の病気にはこれらの有効な薬剤が使えなくなるだろうと、国民に理解させなければならないからです。大事な薬剤を病気に罹りやすい子どもや高齢者が使えるように、丈夫な人は抗生物質に安易に頼らないことです。これ以

私は2004年に、スウェーデンで抗生物質耐性菌のビデオを撮影しました。

上、耐性菌が増えたら、簡単な外科手術さえ出来なくなります。

でも、厚労省のキャンペーンは診療所と病院だけに向いているように見えます。家畜用の抗生物質を減らす努力も必要ではないでしょうか。日本では豚や牛に抗生物質を使っています。日本に輸出する食肉を生産している国々では抗生物質の使用量がとても高いのです。以前、豚を飼っている農家から、彼の飼っている豚の60%は慢性的に病んでいて抗生物質を常用しなければならないのだと聞きました。これも耐性菌を増やす原因です。どうも納得できません。**（5月）**

GM反対運動の20年はファシズムとの闘い?!

先日、「遺伝子組み換え食品いらない！キャンペーン」主催の講演会に行きました。「遺伝子組み換え作物・食品の20年」と題した天笠啓祐さんの講演を聞きながら、20年前のことを思い出していました。

１９９６年、私はスウェーデンにいました。世界で初めて遺伝子組み換え（ＧＭ）食品が認可された米国でピュア・フード・キャンペーンというＧＭ反対運動が始まったのを知り、スウェーデンでこのキャンペーンを広げる活動に参加しました。当時、ＧＭに関する情報は米国に頼っていました。Ｅメールなどない時代。やりとりはＦＡＸです。米国の農家がＧＭのリスクを知らされず、ＧＭを生産すれば儲かると説得されていることを知ったのもＦＡＸ情報からでした。

ヨーロッパでＧＭ反対運動が盛り上がると、私はスウェーデンの消費者団体代表として、国際会議に出

日本でもGM反対のデモが各地で闘われた（2008年7月4日反G８札幌行動で）。

席するようになりました。体力的にも精神的にもきつい仕事でしたが、忘れられない出来事があります。

　１９９８年にブリュッセルで開かれた会議でのこと。私は自分たちがなぜGM食品や特許に反対しているか、とりわけなぜモンサント社に反対しているか熱心に話しました。スピーチが終わると、イギリスの老紳士が近づいてきて、私の手を握って言いました。「ありがとう。第二次世界大戦で私がファシストと戦ったのと同じ理由で今、あなたは闘っているんですね」。大企業のモノポリー（独占）が、全体主義を推し進めて人びとを破滅に導いたファシズムと重なって見えたのかもしれません。

　２００３年に来日したとき、日本にも

GMに反対する人たちがいるのを知り、嬉しかったのを覚えています。この20年間、GMのない世界を取り戻すために頑張ってきたキャンペーンの活動は本当に素晴らしい。20周年、おめでとうございます。私たちの闘いはまだまだ続きます。**（6月）**

なぜ自分で野菜を育てるか

スウェーデンにいた頃、野菜作りが苦手でした。1年の大半、気温が低いので、野菜作りには向きません。手軽にできるエンドウ豆に挑戦しましたが、ある朝、とても悲しいことがありました。今でも覚えています。鳥が小さな緑色の芽を全部ついばんでしまったのです。また、会議などでしばらく留守にすると畑は雑草だらけ。正直、野菜作りにはうんざりしていました。

今、埼玉の田舎に住んでいます。一年中、冬でさえ野菜が育ち、毎月、何かしら収穫できます。自分の菜園でとれた新鮮な野菜ほどおいしいものはありません。収穫は汗を流した成果を楽しむ瞬間でもあります。最近は、出来の良い野菜を前にちょっと自己陶酔してしまうほどです。

外食する際には、どんな材料を使っているか心配です。日消連が今回、食品メーカーに出した質問状からわかるように、食材にはたくさんの問題があります。私たちは除草剤や殺虫剤の残留物をどのくらい体内に取り込んでいるでしょうか。レストランの料理、スーパーやコンビニの食品にはほぼ間違いなく人工的な添加物が使われています。食用油でいえば、ほとんどが輸入された遺伝子組み換え

無農薬の野菜大好きです！（田植は大変でした）

（GM）の大豆、ナタネ、トウモロコシを原料にしています。幸い、日本でGM作物は商業栽培されていません。問題は海外から輸入している農作物です。その農作物がどのようにつくられ、運ばれたのか質問をしてもきちんと返答しない企業もあります。

家での食事なら、自分の畑で採れた野菜なので農薬の心配はないし、添加物も使わなくてすみます。ただ、外食しようとすると、困ります。有機認定された食材を使うレストランを見つけるのは東京でもまだまだ難しいのです。私たち消費者は食べものに対する考え方を変えるとともに食品業界も変えていく必要があります。そして、もっと多くの人が自分で野菜やお米を作ったらいいと思います。**（7月）**

EU離脱後、英国の食べものはどうなるか

この夏のはじめ、英国は国民投票の結果、欧州連合（EU）のメンバーをやめることにしました。離脱支持派の得票率が52%、残留支持派が48%。僅差でした。この結果は多方面に衝撃を与えています。28カ国の連合体に成長したEUから加盟国が別れの選択をしたのは初めてです。いつどのように離脱するのかまだわかりませんが、今回のことについてはいつものように軽やかな気持ちで書くことができません。

シティ大学ロンドンの食料政策教授であるティム・ラングはエコロジスト誌上で、EUとの離脱交渉をリードするのが誰であろうと、食料に関しては重大な選択を迫られると述べています。EUが設けている数万にも及ぶ規制について協議する選択肢がある一方、規制の全てを英国法に組み入れ数年かけ

て不要にする選択肢もあります。最悪なのは全てを反故にし、世界貿易機関（ＷＴＯ）の最低の規制にまで後退することです。その場合、英国の農家は欧州市場を失うことになるでしょう。１９８０年代初頭に80％を超えていた英国の食料自給率は下降の一途をたどり、今では60％です。ティム・ラングは結論として、「私たちに必要なのは市民のための食料計画である。そして、それには健康、環境、公正が本質的に備わっていなくてはならない」と述べています。

英国の経済力はそんなに強くないので、米国により一層頼らなければならないかもしれません。そうすると、ＥＵが厳しいルールを課している遺伝子組み換え食品のような分野は厄介なことになります。心配なのは、英国が予防原則に力を入れているＥＵとの連携を続けようとせず、むしろ、米国の利益にすり寄るのではないかということです。国民投票以降の通貨ポンド安で、英国の消費者は食品のような輸入品への出費を増やさざるを得ないでしょう。独立したいという希望の代償は高くつくようです。**（8月）**

いろんなことが変わっていく

先日、母が亡くなりました。76歳でした。2週間ほどスウェーデンに里帰りしました。80歳の父はもちろん母の死を悲しんでいましたが、とても健康です。彼は相変わらず厳格な菜食主義者で、今でも古いトヨタ車を運転し、自分で買い物に行きます。一方で、ずいぶん変わってしまったこともあります。

たとえば、スウェーデンはキャッシュレス社会に向かっています。列車やバスに現金では乗れませ

30数年前、日本へ出発する私を見送りに来た弟（左）と父（右）

ん。銀行や郵便局の多くは、現金での支払いを受け付けなくなりました。キャッシュカードかクレジットカードがないと本当に不便です。インターネットを利用しない父のような高齢者は、そうした新しい流れについていけません。

別の変化もあります。スウェーデンは、イラクやアフガニスタン、シリアの戦禍を逃れてきた難民を受け入れています。昨年は10万人以上がやってきました。今や、私の故郷には衣服も食習慣もまったく違うイスラム教徒がたくさん住んでいます。移民問題については、さかんに議論されています。欧州の国々では、難民受け入れに反対する諸政党が、国境を閉鎖して以前の生活をとり戻そう、と唱えています。でも、そんな良い時代が欧州のどこにあったのか、私は考え込んでしまいます。そして、「日本をとり戻そう」という安倍晋三の奇妙なスローガンを思い出します。いい歳をしたノウテンキな人は、どんな場所を空想しているのでしょうか。

でも、たった一つ、変わらないものがありました。それは父の家のキッチンです！　１９６９年に私たち家族が新築の家に引っ越したときに設計され、ＩＫＥＡがブームになる以前のものです。私は若い頃、そこで朝食を作り、ライ麦パンを焼きました。今でも覚えています。とても懐かしいです。近いうちにもう一度スウェーデンに帰ろうかなあと思っています。お母さん、ありがとう！　**（9月）**

トリクロサン禁止にびっくり

抗菌剤を使用した人気商品の多くが禁止になるという米国のニュースに、びっくりしてしまいました。米国にこんな措置ができるとは思っていなかったからです。米国では企業が絶大な力を持っていて、政府を抑え込んできたのではなかったでしょうか。ちょっと、皮肉に聞こえますか?「米国食品医薬品局（FDA）の決定は健康と環境にとっての大勝利です」と環境のワーキンググループ（EWG）会長のケン・クックは述べています。この禁止措置は、EWGや農薬に反対するNGO「食と水ウオッチ」などのいくつものNGOが何年もかけてFDAに働きかけた結果です。

トリクロサンやトリクロカルバンなどの殺菌剤は、歯磨き剤や化粧品、衣類、台所用品、家具、玩具などの多くの商品に添加されています。米国が販売禁止にする商品は抗菌石けんです。日本でも薬用石けんと称する固形石けんや液体石けん、消毒用スプレーなどが販売されていますね。でも、実は効果はないのです。手をきれいにしたかったら、普通の石けんで洗えばいいのです。

さらに、臨床試験の結果、これらの殺菌剤によって抗生物質耐性菌ができる可能性があることもわかっています。他の耐性菌と同じように、医療処置の効果に悪影響を及ぼすというデータもあります。効き目がないどころか、世界保健機関（WHO）が警告するように健康被害を及ぼしているのです。

欧州連合（EU）は昨年、トリクロサンを禁止しました。総合化学メーカーのBASFが使用しても安全だと欧州人を納得させられなかったからです。今回のようなケースでEUが拠り所にするのは予防原則です。もちろん、科学も大事にしています。今こそ、各国政府は消費者を守るために腕をまくって努力する時です。皮肉かって?　いいえ。私は根っからの理想主義者です。**（10月）**

倫理的消費というコトバ、聞いたことありますか

10月に立教大学で開かれたシンポジウムに参加しました。英国の雑誌「エシカル・コンシューマー」の主筆、ロブ・ハリスン氏が講演し、日本国内の倫理的消費の専門家たちが動物福祉について議論しました。とてもおもしろかったです。エシカル・コンシューマーとは「倫理的な消費者」という意味で、1989年創刊の同雑誌は、動物福祉や環境保護のような問題を企業がどのように扱っているかをランク付けしています。

すごいと思ったのは、英国では25年前、放し飼いの鶏の卵は約1割でしたが、窮屈なかごで一生を過ごす雌めん鶏どりへの配慮を求めるキャンペーンによって、今では5割以上が放し飼いだそうです。こうした傾向は菜食主義やビーガン（※）料理に向かい、英国のレストランの17％は食肉を使わない料理を提供しています。ハリスン氏によると、有機農産物の人気が高い理由の一つは、遺伝子組み換

ロブ・ハリソン氏を迎えてのシンポジウムは盛況だった
（実験動物の廃止を求める会ホームページから）

え作物は有機認証されないからだそうです。

動物を利用する際に生じる行為は、人間にも悪影響を及ぼしています。中国のある地域では、毛皮やなめし皮の製造に使われる六価クロムやホルムアルデヒドのような危険な薬品が水質を汚染し、その工場で働く人たちが住む街は「がんの村」と呼ばれているそうです。端から端まで非倫理的です。

何も知らない消費者は、不本意とはいえ、社会に害を及ぼす事業に加担しているとの指摘がありました。不買運動で状況を改善させることも可能ですが、何が起こっているか知らなければ行動できません。そこで、年金基金などに倫理ガイドラインを設け、他に比べて明らかに良くやっている企業にだけ投資させるという方法が紹介されました。会場いっぱいの人たちを見て、少し希望が持てました。私たちは、言葉を発することのできない動物たちの代弁者としても、倫理的な消費者であるべきなのです。**（11月）**

※ビーガン＝肉、魚、卵、乳製品など動物性食品を食べない完全菜食主義者のこと。

NO MORE ANIMAL TESTING
（動物実験はもうやめよう）

銀行が変わらないなら、こちらから変えてやろう！

私は、フェア・ファイナンス・ガイド・ジャパンという活動に感銘を受けています。フェア・ファイナンス・ガイドは2009年にオランダでNGOが始めた活動です。銀行の社会性を調査して格付けし、銀行を変えさせることに焦点を当てています。

たいていの人は銀行に預金していますね。でも、銀行が私たちのお金をどのように投融資しているのか、さっぱりわかりません。でも本当は、銀行にもっと倫理的な行動を促し、環境にもっと良いことをするよう、社会をより良い方向に変えさせるよう、圧力を与えることができるのです。

今、フェア・ファイナンス・ガイド・ジャパンによる新しい報告書に当惑しています。みずほ、三菱東京UFJ、三井住友といった銀行が、モンサントやシンジェンタ、バイエルなどの遺伝子組み換え（GM）企業に関与しているのです。GM食品を避けるために何でもやろうとしている私たちにとって、預けたお金がこうした多国籍企業を支えるために使われているとはショックです。日本の年金積立金管理運用独立行政法人もモンサント、住友化学、バイエル、デュポン、シンジェンタに3382億円を投資していました。

この報告書では日本の5大銀行の全てが住友化学に高額の融資をしていることも明らかになりました。住友化学は病虫害や雑草から作物を防ぐ協定をモンサントと長期間にわたって結んでいます。フェア・ファイナンス・ガイド・ジャパンのウエブサイトにアクセスしてみてください。あなたの大切なお金を預けている銀行にメッセージを直接送ることができます。そして、GM作物を開発している企業に投資しないように伝えることができます。**（12月）**

第四章　きれいな空気は人権

2017年

インターネットが使えなくなった日

冬本番を迎えた寒い朝、コーヒーを飲みながら仕事モードに入ろうとしたその時。どういうわけか、パソコンが壊れてしまいました。コンピューターからケーブルがつながっている、名前の知らない機械。そこから伸びるもう1つのケーブル。これはどこへ向かっているのでしょう。宇宙でしょうか。その朝、私が名前を知らないその機械の光源は、いつものようにチカチカと光ってはいませんでした。何の合図もない。ことりという音もない。もはやインターネットにアクセスできないということです。Eメールもニュースも、まったく使えない。さよなら、世界……。

私はファイルや手帳をかき回して、電話できる相手を探さなければなりません。窮状を救ってもらうためにNTTのコールセンターに連絡しなければなりません。けれども、これが簡単にはいかないのです。いまいましい音楽を聴きながら約2時間待ち、ようやく本物の人間につながりました。ありがたい！

それから、どうなったでしょう。NTTは状況をめちゃめちゃにしてしまったのです。私の家にNTTが寄こした男の人は、この機械を交換できませんでした。なぜか。NTTの製品ではなかったからです。

2017年3月15日の世界消費者デーのテーマは「デジタル時代の消費者：消費者が信頼できるベターなデジタル世界をつくる」です。デジタル・エコノミーなどに多大な貢献をしているインターネットの管理はどうしてこんなに杜撰なのでしょうか。私たちには消費者の権利がありますよね。でも今度のようなことがありますから、覚悟は必要です。私はインターネットなしで何とか2、3日過ごし

ましたが、じきに本当に不便になりました。あなただったら、どうしたでしょう。（2月）

海に流れ込むプラスチック類や汚染物が心配です

東京の中央卸売市場が、築地から豊洲へ移転する計画は気になります。でも、豊洲で検出された有害物質よりもっと大量の汚染物が、世界中の海に流れ込んでいる事実は、それ以上に深刻です。私たちが日常食べている魚介類は、プラスチックや残留性有機汚染物質、とくに過熱しやすい電気製品に難燃剤として使用されているPCB（ポリ塩化ビフェニル）やPBDEs（ポリ臭素化ジフェニルエーテル）によって脅かされています。

ネイチャー誌にぞっとする記事がありました。グアムの近くにあるマリアナ海溝、ニュージーランドの南方にあるケルマデック海溝という大洋の一番深い場所でも、そうした物質が見つかったのです。海底でエサをあさっているカニやエビのような生物には、とても高い濃度で汚染物が蓄積されています。どうしたら、人間は、環境を駄目にしないで生きることを学べるのでしょう。

日本や多くの国々で、今まさに、ユネスコの「持続可能な発展のための学習」（ESD＝Education for Sustainable Development）が、がんばって実行されています。そして、この地球という惑星をもっと大事にする方法が若者たちに伝えられています。

日本でESDを率先してやっているのが岡山市です。「藤田の宝物を探そう」というテーマで毎週ESD

日本消費者連盟発行

クラスが開かれています。藤田とは、児島湾を干拓してできた穀倉地帯のこと。生徒は地元の農家を訪問し、地域のことに精通している人間の「宝物」とも言える高齢者に会いにいきます。4年生になると地球環境と廃棄物のリサイクルについて学びます。5年生になると田植えに参加します。私は藤田へ出かけて、学校や講演会で消費者と環境問題についてレクチャーしたことがあります。この惑星を、豊かな海も含めて、ちょっとでも良くしようと、どこかで、誰かが、何かをしているのを知ると、私は元気が出てきます。**（3月）**

ワクチンから除草剤?!

私が子どもだった頃、スウェーデンでは子どもにポリオワクチン以外の予防接種はしませんでした。ですから、私が風疹や麻疹などの一般的な病気にかかったのは当然です。でも、1度ウィルス感染症にかかると免疫ができますから、2度と同じ病気にはかかりません。

最近、複数のワクチンからモンサント社の除草剤「ラウンドアップ」の主成分グリホサートが検出されたという発表がありました。どうしてでしょう。唯一説明できるのはワクチンが牛のゼラチンから製造されているという事実です。牛は草を大量に食べます。その草にラウンドアップが散布されていたら、あり得ることです。ブタ由来のワクチンもあります。ワクチンにはこうした家畜のゼラチンだけではなく、抗生物質のネオマイシン、水銀、アルミニウム、ホルムアルデヒドのような物質も含まれています。ワクチンに含まれている有害薬剤と子どもの自閉症の増加に因果関係を見る科学者もいます。マサチューセッツ工科大学のステファニーセネフ教授は次のように述べています。

「私は自閉症の急増に決定的な役割を果たしていると思われる化学物質のうち3、4種を特定しました。それらはワクチンに含まれているグルタミン酸塩、アルミニウム、水銀などです。こうしたことに気づいている人がいるでしょうか。グリホサートについても同じことがいえます。ラウンドアップの除草剤に耐性を持つ作物に大量に使用されています。この薬剤は今や、世界中のいたる所で散布されています」

私が接種したのはポリオワクチンだけ。だからといって、不都合なことはなく、今も元気いっぱいです。日本もスウェーデンも米国に比べるとワクチンの数はまだ少ないです。それでもワクチンのマイナスの側面を知らないで感染症予防に頼るのはいかがなものでしょうか。子どもたちにとって大事なことは薬剤で汚染されていない土壌で育った食べものを食べ、健康な身体をつくることだと思っています。**（4月）**

きれいな空気は「人権」、ですよね

韓国のタンジン市には、世界最大の石炭発電所があります。今年3月、そのタンジン市にもう1基の大規模な石炭発電所ができるというので、およそ１０００人が抗議行動をしました。大気汚染といえば、韓国は世界でもっとも危険な国の１つです。大気汚染にはいくつかの要因が組み合わさっています。中国から流れてくる汚染物質もいくらかは影響していますが、韓国の場合、国内にたくさんある石炭発電所が主な原因です。２０２２年にはさらに個人出資の石炭発電所が完成する予定です。また、今年４月には５８０ＭＷ（メガワット）級エコパワーの石炭火力発電所２基の建設計画が可決しました。

皆さんは、微小粒子物質の混じった空気を呼吸すると、大変な健康被害を起こすことを知っていると思います。大気中の微小な汚染粒子を吸い込むと、肺疾患やアレルギー症状だけでなく、心臓血管の疾患、糖尿病、高血圧などを引き起こします。日本でも　20世紀には大気汚染が深刻な問題でしたが、ずいぶんと良くなりました。「日本の都市の空気はとても澄んでいますね」。これは、日本を訪れたスウェーデンの友だちのコメントです。スウェーデンの空気は車の排気ガスと南部の石炭発電所か

韓国の火力発電所建設反対運動

これは私がいつも歩く森の道です。家のすぐ近く宮沢湖の道です。飯能市・埼玉県

らの汚染物質で、それはひどいです。

私が住んでいる埼玉県飯能市には森林や川があります。ここらの空気はとてもおいしいです。私は住まいの周囲でサイクリングや散歩を楽しんでいます。都市部にも自動車の入り込まない歩行者用、自転車用の並木道ができたらどんなにいいでしょう。石炭は深刻な汚染をもたらすエネルギー源です。このエネルギー源への依存度を減らすにはどうしたらいいでしょう。誰にとっても、未来の世代にとっても、必要で当然あるべきもの、その1つはきれいな空気だと思います。さて、私たちには、今、何ができるでしょうか。**（5月）**

2020年のオリパラ前に屋内禁煙に

コメディー映画『恋はデジャ・ブ』（原題は「Ground-hog Day」）に登場する人気気象予報士のフィルは、ある時を境に同じ日を繰り返していることに気が付きます。まるで時間のループに入り込んだようです。目覚めると何もかも前日と同じ。それどころか、やることなすこと事態はどんどんひどくなっていきます。私は新聞のニュースを読んでいて、時々これとまったく同じ気分になります。東京はいま2020年のオリンピック・パラリンピックの準備をしています。政府は、海外からの観光客が現在の2000万人から4000万人に増えると期待しています。これほどたくさんの人々が日本を訪れるのは初めてです。観光客はどんな思い出を持って帰るのでしょうか。

日本を訪れた人は1つのことに気付くでしょう。それは、危険だらけにも関わらず、いまだに多くの日本人がたばこを吸っていることです。ホテルの宿泊客やレストランの客の多くは、たばこの煙にさらされたら怒るでしょう。ほとんどの豊かな国は、厳しい法律やキャンペーンを通して、屋内喫煙を最小限に減らそうと努力してきました。受動喫煙による健康被害が問題視されているからです。ところが、日本では公共の場での喫煙を禁止する厚生労働省の提案を政治家が退けようとしています。

屋内禁煙に反対する理由の一つが、飲食店に損害を与えるということです。たしか、あれは10年か15年前のこと。スウェーデンをはじめヨーロッパの国々が受動喫煙を防ぐために、たばこを規制する法律を強行しようとした時、これと全く同じ反対論を聞きました。今ではパブでさえ禁煙が普通になりましたが、カフェやレストランへの打撃はまったくありません。

映画ではフィルが経験から学び、自分自身をより良くする機会をとらえた時、時間のループは閉じます。この映画は、頭が古くて勘違いしている、屋内禁煙に反対する

受動喫煙なくす栃木県の啓発ポスター

自民党議員たちへのすばらしいメッセージだと思います。**（6月）**

食品規格の報告を読んだら、また、腹が立ってしまった！

コーデックス委員会の仕事は、国際的な食品規格を作ることです。187カ国とEUが加盟しています。設置したのは国連食糧農業機構（FAO）と世界保健機関（WHO）。国際貿易と健康に関する最も影響力を持つ組織の1つです。でも、仕事の内容を知っている人はほとんどいません。私はコーデックス会議に何度か参加しました。スウェーデン政府から派遣されたこともあれば、国際消費者機構の代表として参加したこともあります。きつくて腹の立つ経験でした。会議には各国政府の担当官だけではなく、オブザーバーとしてNGOや食品企業も参加できます。けれども、その内容は公表されません。

コーデックス委員会にオブザーバーとして参加している米国のNGO「ナチュラルヘルス連盟」のスコット・ティプスが、2016年12月に開かれた委員会について報告しています。議題の1つに遺伝子組み換え（GM）技術をコーデックスの規格として扱うかどうかがありました。もし扱われるようになると日本の安全審査の基準も変更される可能性があります。ティプス氏によると、問題はこの委員会の議長がバイエル社の重役の妻だということです。彼女は強硬にGMを扱うべきだと主張しました。議長は中立であるべきです。ショック！ですが、こんなことはコーデックスでは少しも珍しいことではありません。私もコーデックス委員会で理不尽な場面に立ち会いました。あの頃、腹が立って仕方なかったのを思い出します。

つい最近、食品中の農薬の残留基準に関する残留農薬部会が北京で開かれました。開催にあたり、中国政府当局は「私たちは金銀の山よりも、緑の丘陵を選ぶ。これは消費者の健康に関することだ」と述べました。大賛成です。残念ですが、国際交渉のほとんどを牛耳っているのは、自然環境と健康を無視して利潤を上げている企業です。コーデックス委員会もモンサントやバイエルなどにコントロールされているのです。**（7月）**

日欧の貿易協定と消費者

日本政府にとってこの夏はきっと忙しいに違いありません。米国が抜けたTPPの危機的な状況を救おうとしながら、EUと新しい貿易協定、日欧EPAを結ぼうとしています。これはハンブルグのG20（20カ国財務相・中央銀行総裁会議）で公表されました。

日消連発行の食品添加物の危険性を訴えるブックレット

２００５年 12 月に香港で開催された WTO 閣僚会議には世界の市民が野放しの自由貿易に反対して集まった（撮影：大野和興）

環境ＮＧＯグリーンピースが6月に協定の草案と進行中の交渉について発表するまで、私たちにほとんど情報が入りませんでした。その後、欧州委員会が草案を発表しました。草案を読んで、どうやら消費者や農林漁業について力を入れるつもりはないようだと、私は思いました。たとえば、貿易と持続可能な発展に関する項目では、消費者団体の役割について認識さえしていないのです。また、日本の農林漁業の従事者にとっては、これまで以上に困難な状況が予想されます。日本の皆さんも草案を日本語で読みたいのではないでしょうか。でも、日本政府はまだ日本語訳を出していません。おかしいと思います。

欧州消費者機構（ＢＥＵＣ）のモニク・ゴエン事務局長は「私たちは草案をよく読

み、次の段階までに消費者として支持できる内容かどうか、最終的な答えを出さなければならない」と述べています。消費者の立場から心配なのは、原産地表示と食品添加物、遺伝子組み換え食品の扱い方です。これらがどうなってしまうか、とても心配です。協定の交渉では最終段階で国民に知らせずに裏取引をすることがあります。ＥＵは草案だけでなく、交渉過程もオープンにしています。日本政府にも交渉内容を公表してもらいたいです。

かつて、人々は世界貿易の恩恵を受け、その利益を享受しました。その代わりに失ったものも多く、民主的なコントロールも段々できなくなっています。埋め合わせできない高い「つけ」を負わされていると感じます。（８月）

安全と勧められる食品だけを

食品表示をとても注意深く読む人がいます。私もその一人です。私が２００９年に講談社から出版した食品ガイドブック『ニッポン食の安全ランキング５５５』。５５５種類の食品をリストアップしました。基準にしたのは安心できる材料。人にも環境にも安全と推奨できる食品だけを取り上げました。

日本の食品表示にはイライラさせられます。たとえば、安価なパン類に入っているイーストフードと呼ばれている化学物質ですが、これには約15種類あります。これらは小麦粉、とくに質の悪い小麦粉の漂白に使われます。また、ｐＨ調整剤や固化防止材としても使われます。イースト菌とはまったくの別物です。イーストフードとひとくくりに表示されたら、本当はどんなものなのか、消費者にはわかりません。

ブドウ糖の正しい呼び名はグルコースです。果物のブドウから作られているわけではなく、ほとんどが遺伝子組み換えの可能性があるコーンスターチからできています。エキスと呼ばれている材料も本来は天然素材から作られたものですが、商品の製造過程で何種類もの化学物質が使われます。私たちには何が入っているか知る方法はありません。○○エキスと表示されていたら、避けるのが無難です。

マーティン著『ニッポン食の安全ランキング５５５』

色素表示もまぎらわしくて、わかりにくい。一例はアマランスです。これは赤色2号と表示されるべき物質で、高血圧やがんの原因になると疑われているにも関わらず、子どもの好きなかき氷のイチゴシロップやゼリー、菓子類に使われています。ですから、子どものリスクはとりわけ高いのです。

『ニッポン食の安全ランキング555』は、このような変な添加物が入った食べものはお勧めしていません。大人は、子どもたちの健康のために食品表示や、その裏に潜むアレルギーや肥満などの危険性につ

いて、もっと学んでほしいです。（9月）

私たちの野菜作りの腕は

私は自分で食べる野菜は自分で育てています。日本では1年中何かしらの野菜が育つので嬉しいです。スウェーデンではこうはいきません。1年の大半は寒くて、薄暗いからです。でも、この夏の天候はひどかった。8月という季節は野菜を栽培する人にとって、とくに私のような素人にとって、とても大事なのですが、きゅうりもメロンもズッキーニもスイートコーンもうまく育ちませんでした。私だけではなかったのが、せめてもの慰めです。多くの農家が台風の雨や天候不順のせいで不作だったと報告しています。

気候変動の影響は食料供給に直結します。季節がおかしくなって、種子会社がその状況に合った種子を供給できなくなったら、どうなるでしょう。種子の大部分が輸入品です。ホームセンターなどの販売店に到着するまでには、複雑なサプライチェーンを通過します。輸入された種子に頼っているのは心配です。私は龍谷大学教授で種子問題に詳しい西川芳昭さんに「心配しなくていいのでしょうか」と質問しました。彼は「どんな状況でも輸入が途切れることはないから、何も問題ない」と答えました。私が聞きたかったのは、そういうことではなかったのです。どんな気候になろうと、それを許容できる生命力をもった地域の在来種を、途切れることなく供給できるようにすることこそ、優先すべきではないかということです。

これを書いている今、日本消費者連盟の事務所がある早稲田通りの桜の葉は散り始めています。私はもう秋用と冬用の野菜の種まきを終えました。未来の世代は、健康に良い食べものに恵まれるだろうかと心配です。でも、何をどうしたらいいのでしょう。私はもっと農業について学ばなければなりません。野菜作りの腕もあげなければ。**（10月）**

危険な農薬を平気で使う不思議な国

欧州連合（EU）はこの夏、食品安全に関する新たなスキャンダルにショックを受けました。フィプロニルに汚染された卵の問題です。フィプロニルは家禽類につく虫、とくに虱の駆除剤に使われます。汚染されているという情報がのろのろと伝達される間に、卵はさっさと輸出され、EUの汚染卵は香港や韓国など40カ国で発見されました。

EU加盟国は10月、フィプロニルの使用を禁止しました。環境保護団体グリーンピースの農業部門で活動しているルーイ・ヘレイリンは、花粉を運ぶミツバチにとって「素晴らしいニュースだ」と述べています。フィプロニルはゴキブリ駆除や白アリ防除にも使われています。製造しているのはドイツの化学企業BASFです。欧州食品安全機関はすでに2013年、トウモロコシの種子処理にフィプロニルを使用すると、ミツバチは空気中に漂う殺虫剤によって大変な影響を受けると報告しています。

日本では種子をコーティングする化学薬品としてフィプロニルの使用が、とくに稲作農家の間で一般的です。田んぼにこの薬品を使うと、卵や幼虫の時期に水中で過ごすトンボなどの昆虫類は激減し、生物多様性に悪影響を及ぼすことがわかっています。日本では、どのような科学的、法的なプロセスを経て、このような有毒な化学物質を認可しているのでしょうか。なぜ、農民も消費者も製薬会社のプロパガンダに乗って、人の生きる基盤である自然環境の悪化に手を貸さなければならないのでしょう。大いなる疑問です。**（11月）**

デンマークの「ヒュッゲ」はいかが？

私は車に頼らない生活を心掛けていますが、この秋、友人たちと一緒に湘南と葉山へドライブに行きました。その帰り道、偶然にも旧深谷通信所と呼ばれるまん丸の形をした敷地に出くわしました。そこには軍事施設だった頃の名残がありました。大きな塔も残っています。その施設は、もともと大日本帝国海軍が建設したもので、その後、米軍の厚木基地が海軍の通信施設として使っていましたが、２０１４年に日本に返還されました。

完全な円形をした奇妙な区域で、農家の人たちが野菜を育てていました。野球場では子どもたちが遊んでいました。かつての使途とは対照的に、とても平和な光景が広がっていました。でも私にはちょっとさびしくて、何となく中途半端な景色に見えました。

このような、めったにない空き地は、北欧でごく一般的に行われている市民菜園に利用したらどうでしょう。日本在住の気さくなデンマーク人、イェンス・イェンセンさんは、「ヒュッゲ」のある市民菜園のモデルを日本に紹介しようと、本を出したり、自分の菜園に近所の人々を招いたりと活躍しています。最近、デンマーク以外の国々にも広がり始めている「ヒュッゲ」は、デンマーク独特の概念です。人間らしい温かな気持ちで心安らかな生活をエンジョイしようというのが基本的な意味です。

　イェンスさんは、菜園にこぢんまりした小屋か丸太小屋を建てることを推奨しています。住むことはできませんが、友人たちと一緒にバーベキューや鍋料理をするための道具を置いておけます。テーブルや椅子を置いておくだけでも、種まきや苗植え、草取り、収穫の後にひと休みして、おしゃべりできます。

Vi hygger os i Japan
日本で、ヒュッゲに暮らす
イェンス・イェンセン
Jens H. Jensen
"世界一幸福な国" デンマークから
来たイェンスが、住み慣れた日本で
見つけたヒュッゲな暮らし
「そうか。幸福はとてもさりげなく、日常にたくさん隠れていたんだ!」
そのことに気づかせてくれたこの本を読んでいる時間が、
私にとってはヒュッゲでした。(モデル・浜島直子)
イェンセン著『日本で、ヒュッゲに暮らす』

　こうしたビジョンを神奈川県庁の職員が持ってくれたら、どんなに素晴らしいでしょう。私は深谷通信所の跡地に他には見られない素敵なものができたらいいな、と望んでいます。**(12月)**

第五章

英語で発信する効用

2018年

遺伝子ドライブの研究費は誰が出しているのか

新しく開発されている遺伝子操作技術が論争の的になっています。不明な点が多く、とくに人間の胚を使った遺伝子操作は禁止か停止が求められています。メスの遺伝子を破壊する蚊と同じように、オスしか生まない蚊が野に放たれたら、どうなるでしょう。この蚊は一連の計画の手始めにすぎません。遺伝子ドライブ技術を使えば、どの動物も全滅させることができます。特定の民族や集団に同じ技術を使うことも可能だと容易に想像できます。

遺伝子ドライブに誰がこっそり資金を提供しているのでしょう。私たちはぞっとするようなこの真相を突き止めているところです。2017年12月初め、国際NGOの第三世界ネットワークの活動家たちが、資金提供のトップは米軍だと報じる学者のメールを暴露しました。米軍は遺伝子ドライブ研究に1億ドルを費やしていました。メールによると、この主要な資金源は米国防総省の機関、軍事技術研究開発を管轄している国防高等研究計画局(DARPA)です。英科学誌ネイチャーはすでにこの件について発表していましたが、その莫大な金額まではわからなかったようです。ビル&メリンダ・ゲイツ財団もロビー活動で資金を出しています。

「遺伝子ドライブは非常に危険な技術で生物兵器に使われる可能性がある。悪用されたら、平和も食糧安全保障も環境も壊滅する恐れがある」と国際NGO、ETCグループのジム・トーマスは述べています。これらの危険な技術に反対するキャンペーンに力を入れるのは意味のあることです。私は日本消費者連盟がこの闘いの先頭に立っているのを誇りに思います。この困難な問題にもっと多くの人々、消

費者に気づいてほしいです。(1月)

男女平等について考える

スウェーデンにいる友人のアンドレアスと日本人の妻に、つい最近子どもが生まれました。彼は高校の教師をしています。父親産休をとるチャンスです。スウェーデンでは、父親が母親と同じように産休をとるのは珍しいことではありません。ですが、大学教授をしている私の弟のヨーハンの場合、彼の妻が育児の大半を引き受けることにしました。

ノルウェーやデンマークのように、産休の間、給与の全額を支払う国もありますが、スェーデンでは80%しか支払われません。それでも米国よりずっとましです。米国では子どもが生まれても、連邦政府は父親や母親にこれっぽっちも払いません。日本の育児休暇の法制度のランクは高いです。それなのに、その権利を使って在宅育児をする父親は、さみしいことにたったの2%~3%。スウェーデンでは、父親の有給育児休暇は、夫婦の都合でまちまちですが、それでも80%~90%です。

この問題には「賃金格差」が関係しています。一般的に女性は男性の同僚に比べると賃金が安いです。結果的に女性が仕事を休んで育児をすることになります。北欧の小さな国アイスランドは2018年1月、賃金格差を解消するための新しい法律を施行しました。25人以上を雇っている会社は、男女の区別なく、配属された仕事場で従業員がやることになっている業務の内容ごとに労賃が決められ、それらの合計が給料として支払われます。また、会社は法令順守の証明をしなければなりません。もしも男性と女性の賃金に差があるとわかったら、会社は罰金を払わされるかもしれません。

賃金格差をめぐる議論は国によって異なります。これからどうなるか。興味をもって追いかけてみたいです。スウェーデンにいる友人家族や弟家族は子育てに苦労しています。でも、楽しんでもいます。他の国々ではどうでしょう。比べてみたらおもしろいでしょうね。**（2月）**

ニューフェイスも同じ仲間？

たばこ産業とその販売戦略、さらに、たばこの害をごまかす嘘八百に対して抗議の闘いが数年間続き、その結果、喫煙率は大いに下がりました。日本たばこ産業株式会社（JT）は財務省所管の特殊会社です。日本はようやく、遅ればせながら、喫煙に制限をかけようとしています。国際的には、JTは欧州連合（EU）でやっているように厳しい

アンドレアス（左）、香菜子、私

規制に反対するロビー活動を熱心にやっています。

そんな時、突然のように、少なくとも私にはそう思えたのですが、新タイプの電子ニコチン送達装置が出現しました。セブンイレブンやファミリーマートの店内に入ると、電子たばこの大きな展示物が嫌でも目に入ります。これらの店は、きっと電子たばこで繁盛しているのでしょう。雑誌や新聞の宣伝は、これまでにないレベルに達しています。はたして、電子たばこは昔ながらのたばこに取って替わるのでしょうか。

NO SMOKING
電子タバコもご遠慮ください。
禁煙表示に電子たばこが加わった

問題は、電子たばこに関する健康上のリスクについて調査が充分ではないことです。予防原則によって、これらの喫煙装置の販売を許可しないのが賢明でしょう。もちろん未成年者に売るべきではありません。ニコチンは有害でその中毒性は高いのです。ですから、電子たばこにも通常のたばこと同様に、ちゃんとした警告情報をパッケージに載せるべきです。それより、いっそのこと禁止したらどうでしょう。喫煙との闘争は明らかに新時代に突入しました。（3月）

徴兵制に反対!!

私が若いころ、スウェーデンには全男性に兵役義務がありました。18歳になると9カ月間の訓練がありました。子どもの頃から、その兵役義務には参加したくないと思っていました。「武器を持たない訓練」に志願すれば、人殺しではなく、救急車の運転といった軍関連の活動で代替できるという方法がありました。

幸いなことに、私はもっと別の方法を見つけました。外国の大学で4年間学び、卒業後はさらに違う外国、日本へ来て職を得たのです。スウェーデンの軍隊は毎年、私に兵役の義務を果たすように丁寧な手紙をくれました。私は自分には他の義務があるので、それはできないと丁寧に返事を書きました。ついにベルリンの壁が崩れ、ソビエト連邦が崩壊し、手紙はこなくなりました。スウェーデンには兵役義務の必要がなくなりました。やりたい人だけが自主的に志願しています。

最近、為政者には兵役を志願する若いスウェーデン人がひどく少なくなったように思えたのでしょう。2017年に兵役義務が復活しました。でも、全員というわけではありません。政府は18歳になった男女全員に義務を果たすように手紙でお願いします。それに対して、兵役につけない理由を書いて断ることができるからです。

日本の市民団体、武器輸出反対ネットワークも活発に活動している

「武器輸出やめろ」のボードを掲げる同ネットワーク代表の杉原浩司さん

スウェーデンの軍事産業は大規模です。世界有数の武器輸出国です。北大西洋条約機構に加盟せず、1800年代初期のナポレオン時代からまったく戦争をしていない国にとって、これは矛盾しています。私には少なくともそう思えます。ともかくも、私はスウェーデンでの兵役義務の方針を受け入れたことはありませんでした。

2018年はアメリカがイラクやアフガニスタンと戦争を始めて15年目になります。アメリカには兵役義務がありません。全員、プロの志願兵です。戦争がなくなれば、仕事がなくなります。だから、戦争は終わらない⁉（4月）

ジカンバは風に乗る凶器

私には、遺伝子組み換えのような危険なものを奨励する人の気持ちがわかりません。何と愚かだろうと思っています。アメリカの農民たちは、モンサント社のラウンドアップ（除草剤）に耐性を持つ作物の栽培を始めて数年後、遺伝子組み換えに反対する活動家たちが警告していた通りの経験をしました。雑草がラウンドアップの有効成分（グリホサート）に耐性を持ってしまったのです。そこで、モンサント社やバイエル社は、毒性の強いジカンバという別の除草剤に耐性を持つ作物を開発しました。

日本のメディアは、ジカンバについて報道していませんから、知らない人が大部分でしょう。ジカンバは風にのって空中を漂い流れ、散布した農場からはるかに離れた地域の作物や野生生物に害を与えます。ジカンバに耐性を持つ遺伝子組み換え作物が導入されたのは2017年の春です。1年しか経っていないのに深刻な問題が発生しています。風にのって漂う農薬への苦情は、いくつもの州で寄せられています。大豆の被害だけでも、ミズーリ大学で雑草を専門に研究しているケビン・ブラッドリーの推定によると、25州で１４６万ヘクタール。被害にあった大豆はラウンドアップには耐性を持っていましたが、ジカンバには持っていませんでした。越冬のためにメキシコへ渡ることで知られている貴重な蝶のオオカバマダラも危機にさらされています。アメリカのNGO生物多様性センターは、２０１９年までに生息地の２４２８万ヘクタール以上がジカンバの被害を受けるだろうと予測しています。

日本政府はすでにジカンバ耐性大豆の輸入と食品への使用を認めています。食品中の残留レベルが気になります。かつて、ジカンバは食べものに取り込まれてはいけないことになっていた農薬です。こういう大豆で作られた食べものを、あなたは平気で食べられるでしょうか。**（5月）**

米国ではなぜGMではなくBEなのか？

遺伝子組み換え（GM）食品が初めて店頭に並んだのは１９９６年です。私は、そのずっと前からGM食品をめぐる論争を追いかけてきました。その頃、すでに欧州の国々や日本、韓国や台湾などではGM食品に反対する活動家たちが表示システムを求めて懸命に闘っていました。

今、米国政府は遅ればせながら、消費者運動に突き動かされて、GM表示に取り組んでいます。2018年5月末に草案が発表されました。それによると、驚いたことに、表示の文字はGMではなく、これまで使われたことのなかったBEです。これはBioengineered（生物工学によって作られた）という意味で、科学的表記としては一般的に使われていません。おそらく、GMのマイナスのイメージを隠すための戦略でしょう。

マーク（左）のひとつは野原のような場所に植物を表すBEの文字。2つ目はbeの両目と笑った口の太陽。3つ目は笑っている丸い顔にbeの両目。いずれも自然に寄り添ったような悪くないイメージです。

ごまかしは、それだけではありません。米国農務省の提案では、BE表示が必要な食品は生野菜、魚介類（最近認可された遺伝子組み換え鮭も対象）、補助食品、調理した食品（パンやシリアル、食肉以外の缶詰や冷凍食品、スナック、デザート、飲み物）です。遺伝子組み換えの砂糖や油、ゲノム編集のような新技術で開発された材料を使った食品はどうなるのでしょう。GM飼料で育った家畜の食肉や牛乳は対象外です。合衆国連邦広報局は7月3日までパブリックコメントを受け付けています。私はGM食品に反対する米国の消費者運動に注目しています。日本も米国のGM食品を大量に輸入しています。他人事ではありません。**（6月）**

失くして初めてわかる

私は最近、ジョニ・ミッチェルが1969年に歌ったビッグ・イエロー・タクシーの歌詞についてたびたび考えています。当時は環境や健康、平和の問題を真面目に考えていたアーティストがたくさんいました。ジョニ・ミッチェルもその1人でした。興味深いことに日本消費者連盟が発足したのはちょうどその頃でした。彼女は歌の中で、窓から見える景色を「遠くに見える山並みはパラダイスのよう。でも、私の面前にあるのは、元はパラダイスだったものをアスファルトやコンクリートで固めた巨大な駐車場」と描写しています。この光景は実は、彼女がハワイで目にしたものでした。

それに続く歌詞に私は共感を覚えました。「樹木を全部引き抜いて、博物館に押し込めた。見物人には1ドル50セント払わせる」。彼女はハワイの樹木を植物園で見せることに反発を感じていたのです。私は生物多様性を学べる植物園がとても好きです。ジョニ・ミッチェルはたぶん、木々は森林で楽しむべきだと思っていたのでしょう。その当時から多くの森林が開発され、たいていはゴルフ場になってしまいました。一般の人々が森に入るのに高額を払ってゴルフ場の会員にならなければなりません。これはハワイだけではありません。

彼女は最後の歌詞で、リンゴにDDTを撒かないように農夫に頼んでいます。「リンゴに虫食いの跡があるのがいい、鳥やミツバチがいるのがいい」。素晴らしいメッセージだと思いませんか。50年という年月が経っても、なお、今の時代に通じる真実です。あるのが当然と思っている物の価値は「失くして初めてわかる」と、彼女は最後に物憂くまとめています。このような豊かな感性と認識をたくさんのアーティストに持ってほしいです――声が美しければ、なお、うれしいです。**（7月）**

スマホが子どもに及ぼす影響

スウェーデンのヨーテボリで高校の教師をしている私の友だち、アンドレアスは、生徒たちのスマートフォン（スマホ）の使い方をとても心配しています。10年前から教師をしている彼は、子どもたちが以前より集中力を欠き、読解力も低下していることを明らかに気づいていました。また、生徒が作文、とくに長い文章を書けなくなっていることにも気づいていました。スマホの使用が増えたのが原因なのか、他に原因があるのか、アンドレアスにはわかりません。彼によると、子どもたちは毎日10時間スマホの画面を見ているそうです。脳に影響がないはずはありません。私も心配です。

彼は最近、これまでの生徒の成績を含めた記録を確認してみました。そして、その記録と今の生徒に学年最後に与えている成績とを比較してみました。そして、8～10年前には気前よく与えていなかった高いグレードを今の生徒に与えていることに気がつきました。彼は厳格さを欠くようになったのでしょうか。もしも当時のような厳格な基準を適用したら、彼の生徒の大部分は良い成績を得られないでしょう。

アンドレアスは今、戦略の1つとして、授業の開始時に生徒からスマホを取り上げています。そうすれば、授業中にスマホに気を取られることはありません。けれども、それは授業中だけのことです。彼は私に「スマホは子どもたちの私生活にすっかり浸透しています。スマホが脳の発達と認知能力に及ぼす影響については、きちんと研究されていません。私は自分が、子どもたちの健康や私たちの社会の将来に及ぶ壮大な闘いの最前線に立っているように感じています」と語りました。**（8月）**

片方の耳から入って……

スウェーデンには「片方の耳から入って、もう片方から抜ける」ということわざがあります。聞いたことをよく考えない、あるいは、さっさと忘れてしまうという意味です。

私は子どもの頃、左耳の聴力のほとんどを失いました。原因はわかりませんが、父も片方の耳が遠かったので、遺伝かもしれません。この夏、父に会うためにスウェーデンに帰省しました。82歳の父は50年前に建てた家で、ひとり暮らしをしています。ヘルパーさんが来てくれるので日常生活は困りません。残念ながら、父の「良い」方の耳はとても悪くなっていました。会話はまったくできませんでした。本当のことを言うと、父は話し好きです。本を読むのも好きで、読んだ本の内容を話すときは生き生きしています。でも、私にできることは、あれこれと語る父の話に耳を傾け、笑い、その通りだねと、うなずくだけ。

数年前、父に補聴器を使ったらどうかと提案しました。ですが、年齢を考えると、急に新しい機器を使うのは無理のようでした。そうしたことがあって、たとえ健康だと思っても、とくに視力や聴力については、専門家の助言を早めに受け入れることが大切だと気付きました。五感はどれも大事ですが、高齢者にとって視力と聴力の衰えは辛いです。年をとってから、見たり、聞いたりしたことを家族や友人と語り会う楽しみを失うのは悲しいです。**（9月）**

目の色と遺伝

私の目の色はグリーンです。最近、グリーンの目はとても珍しいことがわかりました。日本ではほとんどの人がブラウンかダークブラウン。世界人口の80％まではこの色です。グリーンはたったの２％。世界的に見ると、私はまったくのマイノリティーです。でも、幸いなことに、これまでイジメにあったことはありません。

スウェーデン人にはグリーンの目もあれば、ブルーの目もあります。でも、スウェーデンの隣国、同じ北欧のフィンランドではもとから住んでいる人々の10人のうち9人はブルーです。どうしてなのかわかりません。わかっているのはこうした身体的な特徴を決めるのは遺伝子だということです。他人と違っていたとしても、遺伝子によって自然に備わったものなら、とやかく言うべきではありません。

父ヘンリ（左）の80歳の誕生日・母カリン（右）

私が非常に心配しているのは遺伝子への不必要な干渉です。あなたは「デザイナーベイビー」ということばを聞いたことがありますか。最近、アメリカの雑誌とニュースで人気のあるトピックはこれです。赤ん坊の皮膚や髪、目の色を好きなように選ばせるビジネスが出現するかもしれません。芸術や芸能、スポーツなどの才能を持った赤ん坊を望んでいる親たちは望みを託して大金を使っています。遺伝子治療は珍しい遺伝性疾患を持つ人々に根拠のない治療法を約束しています。ぞっとするアイデアのうち、実現しているものもあります。マラリアなどを人に伝える蚊を根絶する目的で、オスしか産まれない蚊がすでに開発されています。

遺伝子操作の技術はすごい勢いで進んでいます。私は倫理に反する行為を制御できない世界はごめんです。考えてもみてください。「倫理」の遺伝子を持たない人が多すぎます。遺伝子治療で何とかならないものでしょうか。**（10月）**

2005年3月の韓国・ソウルでアジア太平洋環境開発大臣会合

日消連の英語版ニュースレター

日本消費者連盟は1980年から英語版ニュースレター「Japan Resources」の発行を始めました。最初は英文で書かれた新聞や論文の切り抜きをコピーして作った手作りで、定期的に国内や海外の読者に郵送していました。当時はインターネットがなかったため、日本の消費者の活動に関する情報――大量生産・大量消費の生活が環境面に与える影響や、消費者保護といった分野――を海外の人が知る術はほとんどありませんでした。このニュースレターは重宝されたようです。

ニュースレターをオンラインで発行するようになったのは12年前です。私はオンライン化の過程で参加しました。以来、その編集をしています。編集を続けていて、おもしろいことに気がつきました。編集を始めた頃のトピックには、遺伝子組み換え食品、照射食品、原発などがありましたが、それらは今も日消連が取り組み続けている問題だということです。米国産牛肉の輸入とBSE、ごみ焼却から排出されるダイオキシン、清涼飲料のベンゼン、中国産の輸入食品に残留する有機リン系農薬などの有害物質も当時の緊急トピックでした。

日消連は英語版ウェブサイトとニュースレターの両方で世界の人々と情報を共有しています。私たちの記事に目をとめた外国の研究者やNGOからインタビューや情報提供の依頼がけっこうあります。もちろん、大歓迎です。このローカルでグローバルなキャンペーンがこの先、どのように展開していくか、楽しみです。その一方、私は自分がドン・キホーテになって、巨大な腕を振り回すアベやトランプ…いや、間違った…風車に立ち向かっているのではないかと感じることがあります。愚かに見えるかもしれません。でも、大真面目です。**(11月)**

学校で学んだ柔軟さと自由

遠い昔のことなのに学校の思い出はとても鮮明です。私は小学校の3年生まで栗の木に囲まれた、教室が4つしかない、小さくてのどかな学校で過ごしました。4年生になると私たちは全員、近代的な高層住宅地にある学校へ通いました。その地区には生活も習慣も違ういろいろな国から来た家族が住んでいました。私たちは突然、その子どもたちと一緒に勉強することになりました。1970年代、この学校の方針は「郷に入っては郷に従え」ではありませんでした。学校はスウェーデン語だけではなく、子どもたちが母国語も学べるように、大変な努力をしていました。最初に通った学校では、私たちは担任のことを「先生」と呼んでいました。4年生から通った学校では、担任の若い女性教師は私たちに「先生」ではなくて名前を呼ぶように要求しました。これは私にとってものすごい変化でした。彼女の考え方は斬新でした。

教え方も独創的でした。たとえば、私たちは時事問題から課題を選んで調べ、その結論をクラスの生徒の前で発表しなければなりませんでした。私は当時、原発に関心がありました。アメリカのスリーマイル島で原発事故があった後でしたから、大々的に報道されていました。彼女は私に炉心溶融や死の灰の問題も含め、相反する議論を取り上げて自由に述べるように言いました。

私が9年生（日本の中学3年生）になった頃、スウェーデンではどの学校のカフェテリアでも、それまでの肉類や魚類を食材にしたランチの他に、菜食主義のランチが選べるようになりました。私はすぐに菜食ランチを申し込みました。私は柔軟さと自由がいっぱいある教育を受けてきました。そしてそれはとても幸せなことでした。**（12月）**

第六章

悪魔と食事をする時は・・・

２０１９年

小さなことでも、続ければ

去年も変な年でした。天候も変なら、政治の世界も変。報道されるニュースも大半は不可解で変。私の畑の野菜も、天候のせいで変でした。それでも、感謝したいと思えることもいっぱいありました。問題は、どうすれば、私たちが困難に毅然と立ち向かえるか、愚かなことに関わらないでいられるか、ろくでもないことを忘れてしまえるかです。私が２０１９年に望むのは、へこたれず、ポジティブに、皆の励みになることを続けることです。

カナダの作家、マルコム・グラッドウェルは彼の著書『ティッピング・ポイント』中で、小さなことでも、目標に向かう意識的な努力をもって続ければ、ひどいことも好転すると、繰り返し語っています。ニューヨークの犯罪率は「壊れた窓」理論に基づく政策が実施されると低下しました。壊れた窓を見つけたら、すぐに修繕しなければなりません。窓の修繕は小さな変化ですが、見つけてはすぐに直すことで、犯罪を気にしないで住める街に変わりました。

消費者団体として私たちがやっている仕事も似ています。私たちは効果のない食品安全法、不正確で分かりにくい表示規定、充分に実験しないで販売を優先させた新製品といった「壊れた窓」を暴いています。壊れた窓の代表例は日本の遺伝子組み換え食品（ＧＭＯ）の表示方法です。抜け穴だらけの表示制度の下、ＧＭＯがどんどん輸入されています。これでは消費者は購入する食品がＧＭＯかどうか確かめられません。私たちはこの壊れた法律を今年中に修繕したいと願っています。そうすれば、消費者は再び自

分たちの食品を安心して食べることができます。きっと、本当に大きな転換になるでしょう。**（1月）**

怪しいリサイクル
――テトラパックとベトナム

私たちの多くはプラスチックや紙類の廃棄物をリサイクルしたいと思っています。少なくとも再利用できると思い、選別して指定された曜日に出しています。けれども実際に再利用されているのでしょうか。

私の父は10代の頃、スウェーデンのテトラパックという会社で働いていました。彼はその会社が嫌いになり、すぐに辞めてしまいました。テトラパック社は今や、容器メーカーとしては世界最大手の大企業です。日本でよく知られている牛乳パックの他にも、多くの紙容器を製造しています。いずれもリサイクルが困難な製品ばかり。何層もの紙にプラスチックやアルミニウムが貼りついています。プラスチックは容易に生物分解しませんから、最終処分場に運ばれるか、焼却されているに違いありません。アルミはどうなっているのでしょう。

スイスに拠点を置くネスレ社は、テトラパックの容器に入れた乳製品を売って、同じように大儲けしています。この容器が今、ベトナムで大変な環境問題を引き起こしているというニュースを知りました。ベトナムでは、容器入りの牛乳が２０１７年には81億個も販売されました。処分場がほとんどない国です。容器の大部分は川や海岸に漂着することになります。スウェーデンやスイスのような豊かな国が、こんな商品を売って儲けているのですから、私は情けなく思います。

日本ではどうなっているでしょう。環境破壊を避けるにはリサイクルだと勘違いして、消費者は「怪しい再利用」に魅せられているのではないでしょうか。

父がテトラパック社の仕事を辞めて本当に良かったです（父は高校の教師になりました）。だから、私は父を誇りに思うことができます。**（2月）**

学校給食とグローバリゼーション

今年の初め、ストックホルムの学校給食にポーランドで違法に屠殺された病気の牛の肉が何百キロも使われていたというショックな報道がありました。なぜ、きちんと検査しない国の食肉が輸入されるのでしょう。

世界的に拡大する食品貿易システムには多くの弱点があります。日本はもっと自給自足できるはずです。学校給食についていえば、大きな問題があります。なぜ、輸入した小麦でパンをつくるのでしょう。ご飯ではいけないのでしょうか。日本にある食材を使わないで、なぜ、輸入品をたくさん使った給食を出すのでしょう。世界経済が危機に陥ったら、貿易路は簡単に中断されます。給食の材料に地元や地域の生産物を使えば農家の支援になるのに、ばかげています。

スウェーデンの給食もグローバリゼーションで変化が始まっています。イスラム教徒の移民の子どもは豚肉を食べられませんから、豚肉を入れない給食が用意されます。イスラム教の掟に従って屠畜した食用肉（ハラル）を提供してはどうかという議論もありますが、スウェーデンの動物福祉法は、ハラルのように生きながら血を流させる屠畜を禁じています。

最近のスウェーデンの生徒たちは、温暖化を助長したくないと考えて、ベジタリアンやより厳格なビーガンの食事を求める傾向にあります。そのためには医師の証明書が必要です。グローバリゼーションや移民、食料生産方法に対する高い意識によって、スウェーデンの給食には新たな問題が生じています。日本の給食は同じような変化にどう対処しているのでしょう。**（3月）**

2009 年 12 月の東京で
COP15 の前に温暖化デモ

気候変動と学校ストライキ

予想もしなかった新しい動きが始まりました。気候変動を止める対策が十分ではないと思っている生徒たちがいます。生徒たちは学校へ行かないという手段で、今、それを示しています。スウェーデンの学生、グレタ・トゥーンベリが毎週金曜日にスウェーデン議会前で座り込みを始めました。1年も経たないうちに、この運動は広まりました。国によっては、この運動を評価しない大人や校長がいるようですが、グレタの両親は娘の決意を支援しました。

子どもたちが言っていることは筋が通っています。選挙権がないのですから、政治的議論に影響を与える他の方法があるでしょうか。政界はいまだに企業が化石燃料を燃やすのを支持し、温室効果ガスを放出する製品を奨励しています。子どもたちは愚かではありません。大人が環境を守るために行動しなければ、将来苦しむのは自分たちだ、と言っているのです。

2019年1月、ダボスで開催された世界経済フォーラムで、グレタは経済界のリーダーたちに「途方もないお金を稼ぐために、お金では買えない価値を犠牲にしてきた人々、企業人、政策立案者がいます。今日ここに出席している皆さんの多くは、そのような人々です」と語りました。

消費者として、私たちは日常の習慣の多くを変えることができます。どんな行動も無駄ではありません。まず、この問題について、もっと学ばなければなりません。次に、子どもたちがデモに行く時、私たち大人も参加すれば、応援していることを示せるかもしれません。私は子どもたちが始めた行動

を当然だと思っています。そして、日本でも学生たちが立ち上がったのを知ってうれしいです。ガンバッテ！（**4月**）

4000万人の観光客？

私は、春と秋、スウェーデンからの観光客の案内をしています。日本には素晴らしい場所がたくさんあり、たいていは奈良や京都からスタートします。田舎にも行きます。スウェーデン人に喜ばれるのは、白川郷の近くにある200年以上の歴史を持つ相倉集落の合掌造りの家に滞在することです。四国の真ん中にある祖谷渓ではすばらしい景観や温泉を楽しみます。広島の平和公園や原爆資料館を訪れると、私たちは厳粛な気持ちになります。そこからフェリーに乗り、美しい宮島を見物します。おおまかな案内ですが、興味深い日本を知る入口になると思っています。その上、春には桜、秋には紅葉が楽しめます。

そうはいっても、観光旅行に問題がないわけではありません。安倍首相（当時）はマス・ツーリズムを推進し、旅行者にたくさんの買い物をさせようと目論んでいますが、そのために引き起こされる弊害について、まったくわかっていません。免税店で利益を得るのは地元の人々ではありません。安倍さんが掲げるマス・ツーリズムは、例えば、京都の嵐山のような自然豊かな場所にとって4000万人の荷は重過ぎます。東京では成田空港に一番近い山手線の日暮里駅は、押し寄せる観光客に必要な改善がされていません。駅員は優しいのですが、エスカレーターは足りず、ホームの通路は狭く、大きなスーツケースを持った観光客には不自由です。

旅行者が敬意を払われて、楽しい旅を続けられ、日本を知ることができるように配慮すること…それが本当のおもてなしだと思います。**（5月）**

生物多様性が異常な速度で喪失

日本消費者連盟は食べものや農作物を中心に、生物多様性をはじめとする多くの課題に取り組んでいます。これまでに何度も国連生物多様性条約締約国会議に参加し、遺伝子組み換え（GM）作物とGM食品に対して徹底的な反対意見を表明してきました。私たちは今、ゲノム編集や遺伝子を操作する新しい技術にも反対しています。

田んぼは生物多様性の宝庫。鴨がやってきて子育て（撮影：大野和興）

私が生まれた１９６６年以来、世界人口は2倍以上も増加、76億人になりました。農産物の生産量も約３００％増加したといわれています。一方で大量の食品や作物が廃棄されています。また、花粉を媒介する昆虫や野生生物は人間の活動によって窮地に追い込まれています。

パリで最近、「生物多様性及び生態系サービスに関する政府間科学政策プラットフォーム」（ＩＰＢＥＳ）の第７回会合が開かれました。その報告書は遺伝的多様性が異常な速度で喪失していると警告しています。この状況を打開するために、人間は「遺伝子の多様性、栽培品種や飼育法や在来種の多様性を保全し、市場を透明化して消費者と生産者の権限を高め、流通を改善して地方の力を強化（地域経済を活性化）し、サプライチェーンを刷新して食品廃棄物を削減する」必要があると訴えています。

森を伐採し、ユーカリ単一樹種の林にする。（1995 年、タイ東北部で。撮影：大野和興）

その発表を読んで、私は「アラ」と思いました。これらはまさに、日本消費者連盟で私たちがやっていることです。うれしいことに、IPBESの報告書は欧州やこの日本でもマスコミで取り上げられました。多くの人々にこの差し迫った問題を知ってほしいです。

２０２０年には中国で国連生物多様性条約締約国会議が開かれます。私たちはそのための準備を始めなければなりません。このネガティブな流れを良い方向へと変えるために皆で声をあげましょう。

（6月）

複雑だ！

私は岡山で暮らしていたことがあります。その頃、アンディーというルーマニア人と知り合いになりました。彼はとても知的で、疑問に思うことがあると、とことん追求しました。いい加減なロジックや筋の通らない考え方には見向きもしませんでした。私たちが何かについて話しているとします。その何かを熱心に説明しようとする時、彼がよく使う言葉がありました。「複雑だ！」です。日消連創立50周年を祝って6月に開催された記念シンポジウムで、この言葉を思い出しました。シンポジウムでは日消連の専門家が公害との闘い方から、ゲノム編集の倫理的問題まで議論しました。天笠さんに質問が出た時です。彼が言ったのです。「複雑だ！」

消費者は今、複雑な世界に暮らしています。健康で幸福に暮らすにはどうしたらいいのでしょう。

たくさんの課題があります。子どもたちにどんな未来を残すことになるのか、考えると気が滅入ります。けれども、大人には前向きに考える責任があると思います。つまり、解決しなければならない課題を、軽視しないで、独創的な方法で解決策を見つけるということです。日消連でやっている私の仕事は複雑な諸問題と関係しています。やることがたくさんあります。ですから、飽きることがありません。

私は数年前、ラムサール条約締約国会議に参加するためにルーマニアへ行き、アンディーと再会しました。彼は私にルーマニアの伝統料理をご馳走してくれました。とても美味しくて、びっくり。何でこんなに美味いのかと尋ねると、彼は得意げな顔で、こういいました。「複雑だ!」**(7月)**

キャッシュレスの未来はどうなる

昨年の夏、スウェーデンに帰省した時、驚いたことがありました。現金払いが通用しなかったのです。スウェーデンはたったの2、3年、私が留守にしていた間に、「キャッシュレス社会」になっていました。ATMは見当たらない。現金は手に入らない。どういうこと? 銀行なのに現金がない? それがスウェーデンの現実です。銀行強盗は悔しい思いをしていると思います。金持ちから盗んで貧しい人々に与えたロビン・フッドが今の時代に来たら、お手上げでしょう。でも、彼が知恵あるハッカーになったら、データを上手に利用して、義賊を続けられるかもしれません。

レストランやカフェの多くが「現金払い、お断り」の張り紙を出していました。現金ではバスや列車に乗れません。公共交通機関はプリペイドカードかクレジットカードを要求します。現金で切符は買えないのです。キャッシュレスのシステムを理解するまで、旅行者は苦労するでしょう。

スウェーデンでは2023年までに全面的にキャッシュレス化すると報道されています。でも、その準備ができない人々がたくさんいます。コンピューターやデジタル装置を使ったことのない高齢者には大変なストレスです。キャッシュレス化を怒っている人も大勢います。私が心配なのは何よりもプライバシーです。民間企業はため込んだデータを利用して、金儲けに励むでしょう。私たちのプライベートな生活はかつてないほど介入されています。そこから抜け出る方法はないのだとあきらめる？ それで本当にいいのでしょうか。**（8月）**

万事休すの白雪姫

物語や民話には、『白雪姫』の物語にもあるように、敵対する相手をやっつける方法として毒物がたびたび登場します。自然界でも蛇をはじめ多くの昆虫が自分の身を護るか獲物を殺すために様々な毒物を使っています。ですが、金もうけのために毒物や有害物を作っているのは人間だけです。そうしたものを作る企業は途方もなく稼いでいます。副作用を考えないで様々な薬剤や殺虫剤、有害な合成化学物質を売っています。どんなルールや法律が適用されているのか、普通の消費者にはややこし

ドラッグストアの棚には香害（化学物質過敏症）
を発症させる香り製品がいっぱい。

ドラッグストアの店先で安売り
されるグリホサート入り除草剤
（撮影：大野和興）

農林水産省はスマート農業と銘打ってドローンに
よる農薬散布を推進。農薬散布が効率化され、散布量も増える。

くて理解できません。

日本中のホームセンターでグリホサートを主成分にした除草剤のラウンドアップやネオニコチノイドのような有害物質、生命を脅かす殺虫剤が売られています。これらの販売を止めさせられないものでしょうか。あなたはどこのホームセンターにも出かけて行けます。これらの商品を欲しいだけ買えます。殺虫剤を購入したら、好きな場所にいくらでも散布できます。ところで、説明書に従って防護服を着るとか、風の強い日は散布を避ける人はどのくらいいるでしょうか。私にはどうもそのようには思えません。まったくのところ、人間はそれほど賢くないのです。学校近くの子どもたちが遊ぶグラウンドの雑草には、たいていラウンドアップが散布されます。私の町の学校や保育園、公園などでも、いい加減なやり方で撒かれています。

現代のあらゆる有害物質で毒された白雪姫が目覚めるには、王子さまの1回のキスではとても足りないでしょう。**(9月)**

スマホ依存症の治療薬

想像してみてください。子どもたちのスマホ依存症を治療する薬が発明されたら、どうなるか。毎日連続して5時間以上もインターネットにアクセスする代わりに、普通の子どものように遊ぶことでしょう。暴力的なデジタル・ゲームに没頭したり、写真をメールで送ったり、コメントを読んだりする代わりに、駆けっこや縄飛び、野球をやるでしょう。子どもたちの身体と心の健康は確実に向上します。そんな薬ができたら、世界はもっとまともになるでしょう。この薬は大人にも効くはずです。もちろん、現実には起こり得ないことです。この10年間に及ぶグローバルなスマホの大実験は元に戻せないのです。パンドラの箱が開けられ、閉じ込められていた悪しきものが解放されてしまったギリシャ神話があります。箱の中に残っていたのは「希望」だけでした。

大人は健全な子どもたちに認知力をゆがめる薬物を与えるのを躊躇します。それなのに、なぜ、脳内化学物質を変化させるとわかっている機器を子どもたちに平気で使わせるのでしょうか。このグローバルな実験は将来、どんな結果をもたらすのでしょう。子どもたちの情緒や認知の発達はどうなるのでしょう。子どもたちは大人として現実世界の諸問題に対処する準備ができるでしょうか。考えてみたのですが、デジタル・ゲームをするたびに税金を、例えば、1円課したらどうでしょうか。フェイスブックやツイッター、ラインや無料のアプリにも、1回使うごとに、1円の税金を課した方がいいです。そうすれば、スマホの使い過ぎがはっきりわかり、将来の社会が受けるダメージを抑える方法を見つけようとする動きが出てくるでしょう。**（10月）**

悪魔と食事をする時は……

振り返れば、あれは1990年代のことです。スウェーデン北部のルーレオという町で、私たちは「ド

私たちはモルモット?!
ゲノム操作食品
遺伝子組み換え技術の登場。
それは生命の基本であるゲノム（遺伝子）を操作することで、
人間が神の領域に手を付けたと言われました。
今、さらに自由自在にゲノムを操作できる技術が開発されています。
「ゲノム編集」「RNA干渉法」です。
この技術は食の安全を脅かし、地球の生態系を破壊する恐れがあります。
そのゲノム操作食品が私たちの食卓に侵入しつつあります。

【パンフレット】私たちはモルモット ?!　ゲノム操作食品（日本消費者連盟発行）

リーと豆」と名づけた会議を2日間、開きました。招待された講演者の中にはインドの環境活動家で遺伝子組み換え（GM）食品反対運動のパイオニア、バンダナ・シバさんがいました。農民とGM企業の代表者たちも招かれました。寒くて、戸外は雪が1メートルも積もっていました。オーロラが見える晩もありました。そうした雰囲気の中で、クローン羊とラウンドアップレディー大豆のリスクや問題点について議論するのは奇妙な感じでした。

9月24日に放映されたNHK「クローズアップ現代プラス」を見て、私は当時のことを思い出しました。その日のテーマは、最新の遺伝子操作技術によるゲノム編集食品。番組には、日本消費者連盟の纐纈美千世事務局長も参加しました。彼女は、消費者には知らされる権利、選ぶ権利があるのだから、ゲノム編集食品には当然、表示義務がある、とはっきり述べました。GM食品が最初に市場に登場した1990年代、私たちも同じように消費者の権利を主張して企業側と対峙しました。

私たちはルーレオ会議で、政府と規制当局が、モンサント社とバイオテクノロジー企業に牛耳られていることを見抜いている特許弁護士から、実に良いアドバイスをもらいました。「悪魔と食事をする時には、長い柄のスプーンを必ず持って行きなさい」。どういう意味かというと、私たちがGM支持者と議論する時は、騙されないように用心する必要があるということです。GM作物やGM食品を市場に送り出す企業やその賛同者は、何があっても利益を得ようとするのを止めないでしょう。彼らは根拠のない安心感で消費者を釣ろうとします。用心しましょう。（11月）

あの魔法のクリスマスツリー

私が子どもだった1970年代、スウェーデンのクリスマスはさほど商業的ではありませんでした。当時、テレビのチャンネルは2つだけ、コマーシャルはなかったです。北欧の12月は暗く、太陽が昇るのは午前9時頃、午後3時頃には沈んでしまいます。私たち生徒は暗い中、自転車を走らせて登校し、下校しました。北欧にはビタミンD不足による持病を患う人がたくさんいます。

ところで、スウェーデンには年の瀬のこの時期、光を祝う習わしが幾つもあります。アドベント・キャンドルもそうです。12月の最初の日曜日、燭台にロウソクを1本灯します。次の日曜に、また、1本。4本目のロウソクが灯るといよいよクリスマス。聖ルシア祭も12月の伝統行事です。聖ルシアに扮した女性がロウソクを何本も立てたリースで頭を飾り、聖ルシアに捧げる歌を歌う行列の先頭に立ちます。ノーベル賞の授賞式はこの時期です。各国からやってくる受賞者はたいてい、宿泊先のホテルで早朝、この光のセレモニーでもてなされ、びっくりします。

私にとって、この特別な年の瀬は、父がスウェーデン語でもみの木という意味のユールグランをマーケットから買ってくるということでした。その木に家族総出で色とりどりの手作りの品を飾ります。多くは母が作りました。てっぺんに金の星。点滅する電飾ライトの優しい光。当時の私は早起きでした。暗い朝、私が最初にやることは電飾を灯すことでした。その美しい景色を背にした朝の食事は私の大切な思い出です。年の瀬に魔法をかけて別世界に変えてしまうユールグラン。それだけで充分、他には何もいらない。子ども心にそう思ったものです。**（12月）**

第七章

アーモンドとミツバチ

2020年

ときめくvsグローバル・ネット販売

私の背丈が伸びて着られなくなった服は、数年後に弟が着るのが当たり前でした。でも今では当たり前ではないようです。それどころか、ネット販売の流行で新品の商品がゴミ箱や最終処分場に直行しているらしいです。アマゾンやH&Mやバーバリーは、国によりますが、返品された商品を廃棄していると非難されていました。

環境ジャーナリストで、大企業の環境関連データを報告している「コーポレート・ナイツ」誌の編集者でもあるアードリア・バージルによると、ネット販売で返品された商品の廃棄は大きな問題になっているようです。実際、返却された商品を再販するには費用がかかります。返品ボックスにいたずらするのか、損傷した商品もあるようです。衣類はアイロンをかけ直し、もう一度包装しなければなりません。でも、多くの企業はそんな手間はかけません。焼却してしまうか、廃棄処分するだけです。

こうしたことに抵抗している企業もあります。パタゴニアは傷のある商品を修繕してオンラインや店頭で販売しています。アードリア・バージルなら、皆さんにリサイクルの参加を勧めるでしょう。あるいはパタゴニアのように「サーキュラーエコノミー」の一環として傷ついた商品を再生する企業のブランドを奨励するでしょう。

今、賢いアドバイスで注目されているのが近藤麻理恵（こんまり）です。私は「必要ない物は片づけてシンプルに生きよう」という彼女の言葉が気に入っています。彼女の『人生がときめく片づけの魔法』（２０１１年）は30カ国以上で出版されています。最も影響力のある日本女性の１人です。彼女のときめく哲学の「ときめく」は英語では"Sparking joy"と訳されています。あなたもときめいてみませんか。喜ぶ人がきっといますよ。（1月）

アーモンド栽培とミツバチの健康

世界のアーモンドの80％は米国・カリフォルニア州の肥沃なセントラル・バレーで生産されています。アーモンド生産にはミツバチが欠かせません。大規模な農場はミツバチを養蜂家から借りています。ガーディアン紙によると、アーモンド農場では毎年約５００億匹ものミツバチが死んでいるそうです。養蜂家はミツバチにつく寄生虫を殺すために農薬を撒きます。これが

２月のパレスチナ西岸地区。アーモンドの花が満開だった（撮影：大野和興）

高死亡率の原因です。一般的に使われているのはグリホサート。ミツバチにとっては致命的です。「ミツバチは利用されるだけです。感謝もされない」と語るのはオーガニック養蜂家のパトリック・パイヌスさん。彼は北アリゾナ大学で環境学の教師をしています。ところで、英語で「私は…にナッツです」は「私は…に夢中です」という意味です。私はナッツにナッツです。ですから、日本の農家にもっとナッツを育ててもらいたいです。

今から20年ほど前、私はスウェーデンの新聞にグリホサートの毒性について記事を書いたことがあります。それを読んだ地元の養蜂家が連絡してきました。彼は私に実はグリホサートはミツバチを殺すのだと教えてくれました。農場ではネオニコチノイドも使われています。ミツバチにとって猛毒だとわかっていながら、何度も撒かれています。

さて、この問題の責任は誰にあるのでしょう。アーモンドを安値で売っているスーパーやコンビニでしょうか。何も知らない消費者でしょうか。問題の真相を報じないメディアでしょうか。巧みな宣伝で商品を売る広告代理店でしょうか。２０１８年の調査研究によるとナッツ類はアルツハイマー病や記憶障害などの疾患を防ぐようです。この問題に答えるために私の脳にはたくさんのナッツが必要です……。**（2月）**

あの「変なヤツ」と私

最近、私にはたくさんのことが起こりました。それについて少々書きます。昨年9月、私にがんが見つかりました。10月に手術。そんな深刻な病気になっていたとは驚きました。私はポジティブな人間で自分を健康そのものと思っていました。私は病院でこの病気について冗談ばかり言っていました。ステージ2の私のがんには「変なヤツ」と名前をつけて医師や看護師を笑わせました。私はたくさんの検査を受けました。超音波検査もやりました。これは一般的には胎児の状態や性別を知るためにやります。看護師が私の腹部をスキャンしている時、私は尋ねました。「お腹の子は男の子？　それとも女の子？」。隣の部屋で看護師たちが大笑いするのが聞こえました。

　手術後のアフターケアにはまじめに取り組まなければなりません。生活スタイルも変わります。体重はぐっと減りました。今の私に必要なのは身体を鍛えることです。幸いにも「変なヤツ」は他に転移していませんでした。それで

あの病院の料理は、点滴の後、とても美味しかった。

も回復するには予想以上の時間がかかりました。入院中、治療の激痛に苦しむ患者が何人もいるのを知りました。私の場合、痛みはなかったので鎮痛剤は必要ありませんでした。患者の中には気の毒なほど弱っている高齢者もいれば、がんの転移で2年も入院している若者もいました。小さな子どもの患者もいました。どうすれば健康でいられるのでしょう。牛肉や豚肉の摂取、喫煙はがんの元といわれていますが、どちらも私には無縁です。がんで無用な苦痛を経験する人がいない世界になったらどんなにいいでしょう。

私は手術後の1週間を点滴だけで過ごしました。その後で最初に食べたのは味噌汁とおかゆ。うまかった。これまでの人生で最高においしい食事でした。**（3月）**

新しい「あたり前は」…

私は2年前に『Kamikaze to Croydon（クロイドンへのカミカゼ飛行）』という小説を上梓しました。2009年に出した食品安全ガイドブックは日本語で書きましたが、今回は英語です。この小説は2人の飛行士の物語です。一人は長野県出身の飯沼正明、もう1人は群馬県出身の塚越賢爾。どちらも素晴らしいパイロットでした。彼らは1937年、たった4日間で東京からロンドンへ到着。その記録的な速さに世界中が注目しました。

私はこの小説の執筆に2011年春の大部分を費やしました。ちょうど東日本大震災が起こり、被

イギリスのクロイドン飛行場に行きました

災地が津波に襲われた後のことです。当時はだれもが不安でした。生活必需品にも不自由しました。私が住んでいる埼玉県西部の飯能市では特にそうでした。頻繁な停電。何週間にもわたり、どの店も棚が空っぽ。その陰鬱な雰囲気は、１９３０年代の日本の暮らしを想像する助けになりました。

私たちは今、再び、不安な状況に直面しています。２０２０年3月、またもや飯能の店からトイレットペーパーやマスク、ガーゼなどの医療品が消えました。私は楽天家ですが、用心に越したことはありません。自分にできる予防を何でもやっています。私は小説を書きながら、１９３０年代の中頃は今より物事はシンプルだったろうと想像しました。何もかもが突然変わって複雑になるより以前の時代です。2人の飛行士がロンドンに到着して間もない夏、中国での日本の戦況は暗転しました。1940年の東京オリンピックは中止になりました。これを書いている今、世界中がコロナウイルスでピリピリしています。あたり前の生活に戻るのは状況がもっと悪くなってからだろうと誰もが思っています。そして、「新しいあたり前」とはどんなものだろうかと思っています。**（4月）**

理解できるように教えてもらえば、世界は危険ではない

私が8歳か9歳の頃、両親は私に祖父母の家まで1人で電車に乗っていくように言いました。祖父母は私が住んでいるマルメ市（人口20万人）から電車で2時間ほどのオスビー（人口7000人）という小さな町に住んでいました。私は祖父のエリックからスキーとスケートを習い、祖母のエバのおいしい手料理を食べたものです。楽しい思い出がいっぱいあります。マルメの学校が休みになるたびに、私はオスビーの森林や湖畔で過ごしました。広い菜園で祖父の手伝いもしました。

祖父母は引退する前、長い間、ホテルを経営していました。ホテルにはレストランもありました。2人とも大きなパーティーの開き方を知っていました。パーティーには素晴らしい料理と飲み物が用意されたものです。私が食品の品質や安全性に関心を持つようになったのはその影響かもしれません。

日常の食事はシンプルで、むしろ質素でした。何1つ無駄にされませんでした。私は部屋を出る時、電気を浪費しないように明かりを消します。これも祖父母から教わったことです。シャワーとか風呂はどうかって？　1週間に1回だけ！

外国から日本へ来る人々の多くは、学校へ通う小さな子どもが親や保護者の付き添いもなく、電車や地下鉄に乗れるのにびっくりします。なんと安全な国でしょう。私が子どもの頃、電車の旅にはスリルがありました。思い出すとニンマリしてしまいます。私は日本の親たちが自分の子どもに「あぶない」と連発するのを聞いて少々驚いています。アドバイスするなら「気をつけてね」が良いです。子どもたちが、この世界を危険な場所だと教わるのはよくありません。この世界は、理解

南スウェーデン、電車からの景色

できるように教えてもらえば、危険ではないのです。（5月）

新型コロナウイルスで食糧危機

この春、米国の食品加工業界は大打撃に襲われました。工場の労働者は新型コロナウイルスの蔓延で高いリスクにさらされています。4月30日には30カ所の食肉工場で5000人が感染、少なくとも20人が死亡しました。米国のサプライチェーンには大穴があき、タイソン・フーズやジェイ・ビー・エス・USA、スミスフィールド・フーズは多くの工場を閉鎖しました。食肉生産高は今年の初めは25％の減少でしたが、今では40％も減ってしまいました。業界のリーダーたちはもっと減るだろうと語っています。

それでも、悪いニュースばかりではないようです。「タイムマガジン」誌は、消費者はたんぱく源として値段の安い豆類や豆腐に関心を向けるようになるだろうと書いています。どういうことでしょうか。広範囲にわたる不景気の真っただ中で、米国人の多くが仕事を失くしたからです。米国人の食生活は肥満や糖尿病や高血圧などの病気を誘発すると知られています。牛肉や豚肉ではなく果物や野菜をもっと食べるようになれば、米国人の健康状態は改善されるでしょう。

私は、コロナウイルスは虫メガネの役割をしていると思っています。これまで見えなかった多くの問題がはっきり見えるようになりました。たとえば、英国では農作物の栽培者は東欧の労働者に依存していました。その労働者が英国に来られなくなった今、農作物を収穫するのは自国の住民4万人。

すごい変わりようです。私は今年の春も大忙し。ブロッコリーやトマト、サニーレタス、スナップエンドウを育てています。

今の時期に収穫できるジャガイモを掘るのも楽しみです。もちろん、殺虫剤や除草剤は使っていません。**（6月）**

世界の「今」を予測していた人

すでに200年前、ドイツの自然哲学者、アレクサンダー・フォン・フンボルトは詩人の想像力と科学的な目で、地球をつぶさに眺めて記述しています。彼は多くの旅行記を書きました。旅行記には自然界の生物はひとつの生命体のように、互いにつながっているという彼の発見が書いてあり、それが読者を魅了しました。また、彼には先見の明がありました。彼はアメリカが好きでしたが、奴隷制度と黒人に対するひどい扱いを嫌っていました。合衆国大統領のトーマス・ジェファーソンを始め、黒人を奴隷にしている人々を恐れることなく非難しました。

フンボルトに啓発された人々の中には英国のチャールズ・ダーウィン、米国のヘンリー・デイヴィト・ソロー、ジョン・ミューアがいます。ミューアはカリフォルニア州のヨセミテ渓谷にあるような森林を保護するために奮闘しました。彼は65歳のとき、世界旅行をしました。その途中、1904年5月、日本に立ち寄っています。知っていましたか？

フンボルトは1799年、南米に向けて初めて旅行しました。旅の間、彼は人間によって引き起こされる危険な気候変動に不安感を抱いていました。彼はまた、スペイン人の植民地の様子も詳しく記述しています。植民地では輸出する単一品種の換金作物のために森林を破壊していました。そのために表土は流出し、いくつもの種が絶滅していました。彼は最初の、そして本物の環境保護者です。私たちのために道を開いてくれました。私はそのことに何よりも感銘を受けています。彼は「地球はひとつの生命体」だと、とてもよく理解していました。**（7月）**

私が民芸陶器に惹かれる理由

米国のビング・クロスビーのヒットソングのひとつに1931年の「百万ドルのベイビーを見つけた（均一価格の雑貨店内で）」があります。私はこの歌が大好きですが、こういう店のコンセプトは私とは合わないので好きではありません。

私は手作りの陶器、とくに益子の濱田庄司の作品に興味があります。幾つもスタイルのある陶器の作り方を習って楽しんでいます。私が使っているのは滋賀の粘土、「民芸」風が好みです。ところで、民芸をうまく表現する訳語が英語にもスウェーデン語にもありません。民衆はフォーク、芸術はアートですが、「フォーク・アート」という言葉は一般的に使われていないのです。

ちなみに、私はスウェーデンで多くの「フォーク」のついた言葉の中で育ちました。どれも社会民主主義運動がもたらした言葉です。地元の図書館は「フォーク・ビブリオテック」です。この図書館はエリートではなく民衆のためのものと明確に伝えています。「フォーク・タンドウォードゥ」という言葉もあります。民間の歯医者もいますが、こちらは自治体運営の歯医者です。「フォーク・ペンション」は全国民を対象にした年金制度。スウェーデンは1913年、世界で初めて年金制度を導入しました。でも、主婦は対象外でしたから、1948年に改正されました。

なぜ、スウェーデンには「フォーク・アート」にふさわしい運動が起こらなかったのでしょう？ 濱田庄司のようなリーダーシップをもつキャラクターがいた日本は幸いでした。今、消費者が実用的で、見かけだけではない物を手に入れたかったら、民芸運動は魅力的な選択

肢の1つではないでしょうか。大量生産の没個性の物より、民芸品はずっと素敵です。あの、私は100円ショップが好きではない、と言いましたよね。**(8月)**

星に願いを……

私が子どもだった頃、スウェーデンのテレビには商業用チャンネルはありませんでした。だから、宣伝はゼロ。アニメもほとんどなくて、ウォルト・ディズニーの有名な映画だけはたまに放映されました。ディズニー・ショーのホスト役は「星を見上げて」を歌うコオロギのジミニ・クリケットでした。

ところで、私は「害虫」という言葉が好きではありません。私の家にコオロギやクモが入り込むと(しょっちゅうですが)、なんとか捕まえて外の自然界へ戻してやります。もちろん、私は合成化学物資を使わないで野菜を育てています。

オーストラリアのシドニー大学のフランシスコ・サンチェス・バヨの研究が2019年に発表されました。彼は千葉大学に勤めていたことがあります。その研究によると、世界の昆虫の41パーセントがすでに消滅していました。棲息地の減少や農作業も原因でしょう。気候変動も関係あるでしょう。私たちの小さな友だちが生きるのに必要な草を枯らすために、殺虫剤のネオニコチノイドや除草剤のグリホサートが大量に使用されています。

工場で大量に合成される化学薬品を使わないと農業はできないのでしょうか? もちろん、できます。

何千年以上も農業は化学薬品を使いませんでした。このすばらしい緑の惑星、地球で昆虫を大量殺りくするのは自分たちの首を絞めることです。

私は1940年のディズニー・ショーで歌っていたコオロギのジミニー・クリケットの歌が特別、大好きです。「星を見上げれば、あなたが何者であれ、願いはかなう。あなたが望むことは、何であれ、あなたのもとへやってくる…」

（原曲の英語の歌詞は日本語版とはまったく違いますよね?!）**（9月）**

なおみ、お見事！

私が子どもだった頃、私と弟はテニスの試合を中継するテレビの前で、何度、ビョルン・ボルグに声援を送ったことでしょう。ボルグは1976年から80年のウィンブルドン大会で5回も勝ち続けたスウェーデン最高のスターでした。ボルグのライバルだったジョン・マッケンローは審判に怒りをぶつけることで有名な「問題児」でしたが、ボルグはいつも冷静、礼儀正しく、思いやりがありました。休暇中、祖父の夏の家に行くと、私と弟は屋根によじ登り、ライブの画像をキャッチできるように、白黒テレビのアンテナを調整しなければなりませんでした。時が過ぎ、2020年。新しいスターが生まれました。全米オープンテニス大会で2度目の勝利を果たしたスゴイ選手、大坂なおみです。私だけではなく、多くの人々が感動したのは、彼女が政治的発言をしようと心に決め、黒人差別の抗議に参加したからです。彼女は米国で人種偏見と警察の残虐行為の犠牲になった黒人の名前を記した7枚のマスクを着けてスタジアムに入りました。また、警察官が黒人を殺したミネソタの抗議集会に参加しました。この集会を引き金に、2020年夏、「黒人の命は大切」（BLM）の社会運動が各国で始まりました。なおみはツイッターを積極的に使っています。彼女を非難してツィートする人々には「スポーツを政治に巻き込むなという人々は、実際には、勝つぞ、と私を奮起させる。大丈夫、私は可能な限り長い間、あなたのテレビに出られるようにがんばる」と返答。1970年代、これほどアクティブなアスリートは滅多にいませんでした。彼女の支持者が増えていることも、BLM運動が日本にもやってきたことも、私には嬉しいことでした。**（10月）**

甘いチョコレートの苦い現実

日本で最も人気のあるチョコレートの商品名の1つは「ガーナ」です。原材料のカカオ豆がどこから来ているか、どのように栽培されているか、消費者の多くは知らないのではないでしょうか。

ガーナ共和国を含むアフリカのカカオ生産国は何年もの間、多くの森林破壊で苦しんできました。農民の大多数は受け入れがたい貧しさの中で暮らしています。カカオ農園のために森林を伐採するのは気候変動につながり、土壌流失の原因になり、干ばつを引き起こします。子どもの不法労働は当たり前、約89万人の子どもが働いています。子どもたちに必要なのは、労働ではなく、教育を受けることです。当たり前の子ども時代を過ごすべきなのです。

ガーナ共和国の政府は、農民の所得を増やそうと努力してきました。その結果、森林破壊は減りました。ですが、ガーナの商品名でチョコレートを製造しているロッテはフェアトレード製品や有機認証を得たチョコレートを提供していません。日本の他のメーカーも似たようなものです。そうした中、ガーナなどの数カ国でカカオ栽培農家を支援するプログラムを開始したメーカーがあります。このプログラムの目的は森林破壊を終わらせ、森を復元し、カカオのサプライチェーンを保護することです。

カカオ生産国のひどい状況を変えるには事実を消費者に知らせる必要があります。大企業が努力すれば、消費者はその努力を正当に評価するでしょう。自分たちが楽しんでいるお菓子が原産地の人々や環境を傷つけていないと知ったら、値段が少し高くても喜んで買うでしょう。それとも、思い切って輸入された材料を使ったお菓子を食べるのをやめますか？ **（11月）**

島国根性

私の最も好きな俳優のひとり、ショーン・コネリーが90歳で亡くなりました。彼はイギリス諸島のひとつ、スコットランドの出身です。日本でも、彼を懐かしむ人は大勢います。私は、彼が主演するジェームズ・ボンド映画の一つが撮影された鹿児島の小さな島へ行ったことがあります。とても美しい場所です。

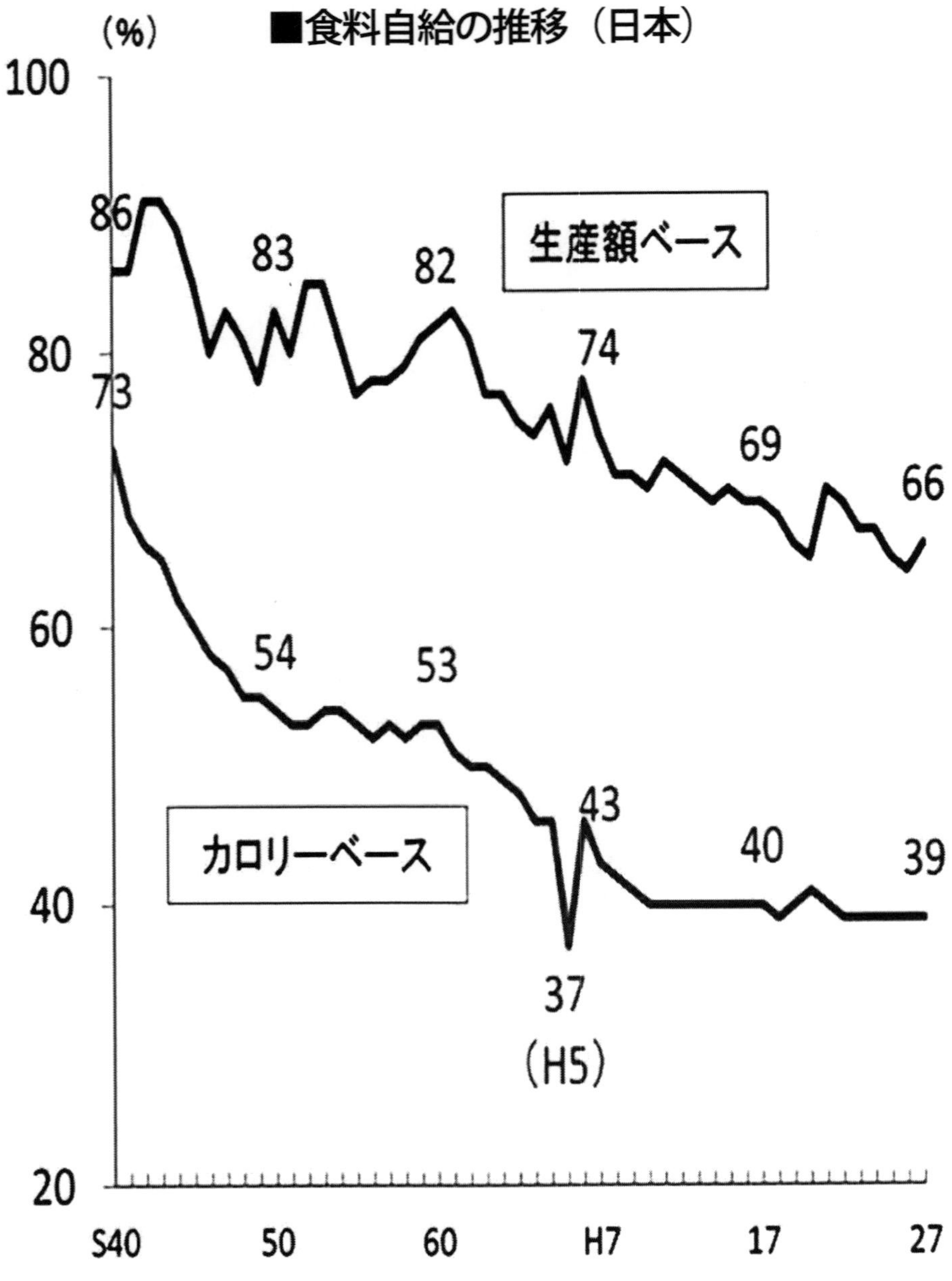
■食料自給の推移（日本）
(%)
100
80
60
40
20
生産額ベース
86
83
82
74
69
66
73
54
53
43
40
39
37
（H5）
カロリーベース
S40
50
60
H7
17
27

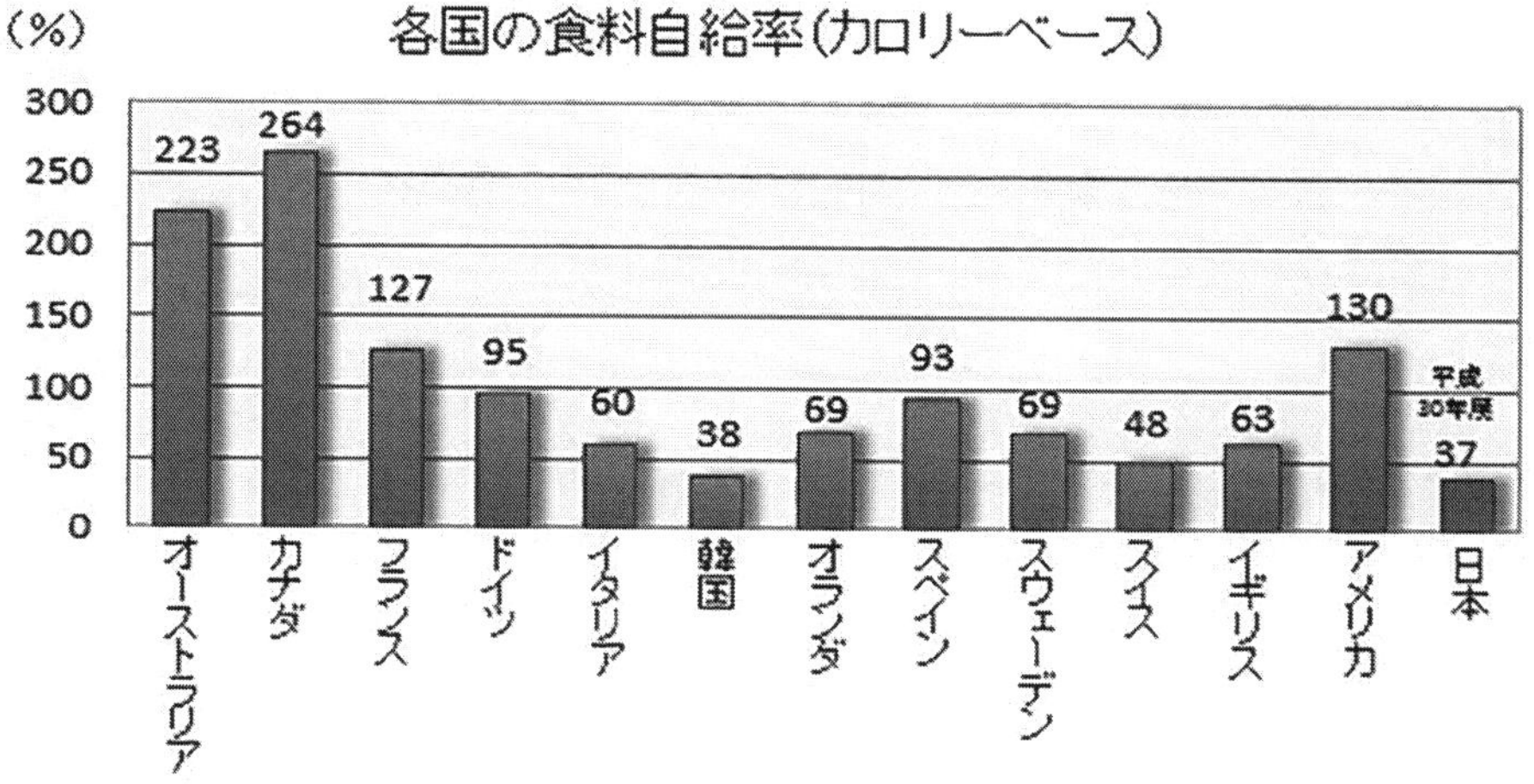

日本や英国のような島国は食糧をたくさん輸入する傾向があります。問題は、グローバル経済が危機的な状況になるかもしれないということです。石油価格も食糧輸入に影響します。輸入品が高額になることもあれば、輸入が不可能になることさえあり得ます。私たちは、日本で、これから先も、ちゃんと食べていけるでしょうか。

ティム・ラング教授は著書「フィーディング・ブリテン」で「このままでは英国は食べていけない」と論じています。英国では国民に必要な食糧の60%しか生産していません。そこから輸出分を考慮に入れると、自給率はたったの50%です。何故でしょう。英国の農業は「スーパーマーケット部門が追求する超安価な食べ物で荒廃」してしまったからです。多くの農場が廃業しました。私は何度か英国へ行きましたが、正直、あの国の食べ物は美味しくないです。英国人の食文化は豊かではありません。

日本にはすごい食文化があります。私たちは、消費者として、そのレガシーを失ってはなりません。和食はどこの国の食事よりも健康的です。「島国根性」を捨て、日本中に、世界中に、「クリスマスと正月休みには和食を食べよう。遺伝子組み換えされた食材には手を出すな」と大声をあげましょう。地元の新鮮な野菜や材料を手に入れてください。できればオーガニックがいいですね。そして2021年は元日から健康に暮らし、ショーン・コネリーのように長生きしましょう。少なくとも90歳までは。**（12月）**

『007は二度死ぬ』ブルーレイ版パッケージ

第八章
スウェーデンの学校給食

2021年

「チャンネル日消連」へようこそ！

私の仕事の１つは、日消連のユーチューブ・チャンネルのビデオ作りです。私たちのキャンペーンや活動を知ってもらう良い方法だと思いませんか？日消連や他団体の専門家の話も聞けます。残念ながら、今の時期はなかなかミーティングもカフェ・イベントも開けません。そんな時はぜひ、この「チャンネル日消連」をのぞいてみてください。

ビデオ作りは２０１８年から始めました。香害について知りたい人に向けた紙芝居「香りのエチケット」（入江映子・作）と、電話相談「香害１１０番」を受けて開いた院内集会の映像はとても人気があります。他にも遺伝子組み換えやゲノム編集、種子問題などを含め、30本のビデオを作りました。

２０１９年は日消連50周年を記念し作った映像をアップしました。運営委員の廣内かおりさんが作った映像に私がオリジナルの音楽をつけました。日消連の歴史がわかります。新しく会員になった方々も、日消連が何を達成してきたか、どんなに多くの国際行事に参加してきたか知り、新鮮な驚きを感じるに違いありません。

２０２０年12月には、永田町（東京）の参議院会館で開いたグリホサート規制の院内学習会に50人が参加。この時の様子を、事務局の原英二さんがユーチューブでライブ配信してくれました。また、天笠啓祐さん、木村-黒田純子さん、八田純人さんがこの除草剤の健康や環境に及ぼす最近の研究について講演。これも短くまとめ、何本かのビデオにしました。グリホサート（商品名はラウンドアップ）

は普通に使われていますが、その害はすごいです。

いつも「チャンネル日消連」を見てくれている皆さん、ありがとう。ビデオにコメントを寄せてくれた皆さんにも感謝しています。私たちの努力を理解してもらえたら嬉しいです。日消連のホームページから、私たちのユーチューブ・チャンネルにつながります。**（1月）**

有機食材100％、スウェーデンの学校給食

少年だった頃、私は学校給食が毎日楽しみでした。今でもよく覚えています。故郷のマルメ市で給食にベジタリアンの食事が選べるようになった時、何人かの生徒と一緒に、私も申し込みました。給食係の女の人たちの働く姿を今でも楽しく思い出すことができます。セルフサービスの食堂はとても広く、何百人もの生徒や教師、用務員が全員一緒になって、それは賑やかでした。

およそ10年前、スウェーデン政府は学校給食に有機栽培の食材をもっと増やそうと目標を掲げ、地方自治体も約束しました。マルメは2020年までに100％を有機にすると決めました。実現するでしょうか？

私はマルメ市役所にEメールで問い合わせ、詳しいことを知りました。マルメは持続可能な発展と食糧のために務めることを政策に掲げています。有機栽培の材料を優先させる学校は有機材料の使用率や迅速な実現化に応じて金賞や銀賞、銅賞の「ロケット賞」が与えられ、表彰されます。

Eko-Mat Centrum
Lilla Ekomatsligan 2019
Våra hjältar som lagar mat med ekologiska råvaror till våra barn och äldre

子どもたちとお年寄りに有機の給食を提供しているマルメ市の調理師さんたち。
食の安全を通して環境と生命を守る活動に「エコ・ヒーロー賞」が贈られた。

マルメは学校給食や公共施設の給食のために毎年25億円の予算を組んでいます。この影響力はスゴイです。食品会社は食品工場などに有機食品の供給を依頼するため、厳しい指針を定める必要があるからです。また、調理者や公共部門で働く人々が持続可能な発展や気候変動、食物廃棄、未来について、きちんとした考えを持てるように教育が必要になります。

欧州実行委員会の貿易総局が主導する持続可能な貿易・消費・生産に貢献する欧州都市には「公正で倫理的な貿易賞」が与えられます。マルメ市は2020年に学校給食の有機食材を90％達成し、2021年に表彰されました。上出来ではないでしょうか？一番はスウェーデンのルンド市でした。私はマルメを誇りに思わずにはいられません。（2月）

解説

世界の消費者運動の今

天笠　啓祐
纐纈美千代

世界の消費者運動の歴史と課題

天笠　啓祐

◆ケネディと消費者の権利

消費者運動の出発は、第二次大戦敗戦直後、日本で女性たちがしゃもじを持ってデモしたことに代表される、最低限の食料も確保できない時代に、家族を守るところにありました。その根底には、戦争という暗い閉塞状況から解放され、その中で長い間差別されてきた女性たちの思いが闘いとなって噴出した側面がありました。このような動きは、形は異なっていても世界的な動きとなって広がっていったのです。

徐々に力を持ち、闘いを広げてきた消費者運動での国際的なつながりが、1960年の国際消費者連盟（IOCU）の設立につながって行きます。IOCUは、最初は商品テストなど世界共通の消費者の課題に取り組みました。日本でも『暮しの手帖』が商品テストを目玉に部数を増やしましたが、それほど欠陥商品が多く流通していた時代です。欧州消費者機構（BEUC）は、いまでもその伝統を受け継ぎ、商品テストに力を入れています。

IOCUの全体の本部は英国に置かれましたが、アジアの本部はマレーシアに置かれました。1995年に、IOCUは現在のCI（国際消費者機構）になりました。実は、この1995年はWTO（世界貿易機関）が設立され、貿易の自由化と促進が大きく進んだ年であり、消費者運動も大きな転換を強いられた年でもあります。それは後程。

1960年代に国際的につながった消費者運動に大きな力をもたらしたのが、米国のケネディ大統領の登場でした。1962年にケネディが提唱したのが、消費者の権利でした。そこで示されたのが「安全である権利、知らされる権利、選択できる権利、意見を反映させる権利」の4つの権利でした。その後、1975年にフォード米大統領によって付け加えられたのが「消費者教育を受ける権利」で、さらに1980年にIOCUによって「消費生活の基本が保証される権利、救済を求める権利、健康な環境を求める権利」が加えられ、現在の8項目からなる消費者の権利となったのです。

1970年前後、ヴェトナム反戦闘争が世界的に広がり、労働運動、学生運動が活発化する中で、欧米を中心に消費者運動も新たな潮流が台頭しました。日本では「日本消費者連盟」が、告発型の運動として登場しました。この時代を象徴する人物が、米国の消費者運動家ラルフ・ネーダーさん、日本では野村かつ子さんと竹内直一さんでした。これ等の人物に代表される、闘う消費者運動が広がっていったのです。

◆食・環境・原発問題の登場とグローバル化する世界

1970年代から80年代にかけて、消費者運動の課題に、環境問題や原発問題が加わり、政治運動化が顕著になっていきます。各地で起きる企業が起こす環境破壊、途上国への公害輸出、それがついに地球的規模にまで拡大した気候変動や生物多様性破壊といった問題が提起されます。もう一つが、スリーマイル島、チェルノブイリで起きた相次ぐ原発事故による放射能汚染があります。いずれも家族や暮らしを破壊する大きな問題です。この時代、途上国の消費者運動が力を持ち始めた時期にも当たります。

その消費者運動に転機が来るのが、１９９５年でした。国際化した消費者運動は発言力を増してきましたが、国際的な政治や経済の場での発言の機会が増えることは、消費者運動の強化になりますが、同時に体制にからめとられる危険性を増幅させていきます。１９９５年にＷＴＯが設立され、貿易の促進や自由化が図られるにあたり、それまで消費者を守るために設定されてきたさまざまな国際基準や規格が、国際貿易の基準に設定されることで起きます。その代表がコーデックス委員会の規格や基準です。コーデックス委員会とは、国連のＷＴＯとＦＡＯの共通の下部機関で、食品の安全基準や表示、有機食品の規格など、国際基準を設定する機関です。ＷＴＯが貿易の基準・規格にコーデックス基準・規格を設定したことから、政治的な影響を強く受けて、次々と安全基準などが緩和されていくことになったのです。こうして貿易優先・経済優先で国際基準が作られ、その中に既成の消費者運動もはめ込まれていくことになります。

他方、それを良しとしない運動も草の根で広がっていきます。それはとくに、食の安全の分野で広がっていくのです。当時、世界中の消費者を席巻したのが「食の安全への不信」でした。コーデックス基準が、科学的根拠を前面に掲げ、例えば残留農薬や食品添加物の安全性について、有害だとはっきりわかるまでは規制しない立場をとり規制緩和を進めていくのに対して、草の根の運動は、疑わしい段階で規制しないと生命系は危うくなるという予防原則の立場をとって対立してきました。

◆消費者運動の現状とマーチン・フリッドさんの役割

１９９０年代後半、遺伝子組み換え作物の栽培が始まり、環境ホルモンが関心を呼び、ＢＳＥ（狂牛病）が人間に感染し始めました。このように食の安全を脅かす問題が次々に登場すると、既成の国際的な消費者運動とは異なる、予防原則に立ち、草の根でつながった国際的な運動が力を持ち始めました。その代表的な動きが遺伝子組み換え食品に反対する国際的な取り組みです。

欧州ではＧＭＯフリーゾーン運動が活発化し、米国では食品安全センターやマムズ・アクロス・アメリカに代表される食の安全を守る運動が活発化し、途上国では米モンサント社（現在は独バイエル社）に代表される多国籍農薬企業の種子支配に反対する取り組みが広がり、日本でも日本消費者連盟が立ち上げた「遺伝子組み換え食品いらない！キャンペーン」を軸に、食の安全や信頼にこだわる生協や産直運動が、この運動を進めてきました。それらが国際的につながることで、運動は大きなうねりとなって広がっていきました。

現在、この遺伝子組み換え食品に、新たにゲノム編集食品が加わり、反対運動はさらに広がりを見せています。この運動を軸に食や環境の問題で、日本の情報を海外に発信し、同時に海外の市民運動団体との連携を担っているのが、本著者のマーチン・フリッドさんです。私たちは親しみを込めて、マーチンと呼んでいます。国際化することで大変力を発揮している日本の運動ですが、これはマーチンの働きなくしてあり得ませんし、今後その役割はさらに大きくなっていくものと思います。

（科学ジャーナリスト・遺伝子組み換え食品いらない！キャンペーン代表・日本消費者連盟顧問）

アジアの消費者運動と連帯する

纐纈美千世

◆アジアで広がる遺伝子組み換え反対連帯の輪

日本で1996年に始まった遺伝子組み換え食品反対運動は、海外の消費者団体・市民団体とともに発展してきました。当初こそヨーロッパのNGOと連携することが多かったのですが、運動の盛り上がりとともに連帯の輪はアジアにも広がっていきます。

そのさきがけとなったのが、遺伝子組み換えイネに反対する運動です。日本でモンサント社が除草剤耐性稲の実験を進めており、それに反対する運動を進めていた経緯から、2004年の国際コメ年に、インド、インドネシア、マレーシア、韓国の消費者や農民を迎えて、日本消費者連盟と遺伝子組み換え食品いらない！キャンペーンが中心になり、国際コメ年NGO行動に取り組みました。2005年に開発された遺伝子組み換えイネ「ゴールデンライス2」の実用化への懸念が高まる中、2007年にPAN―AP（農薬行動ネットワーク・アジア太平洋）がアジアのコメを守ろうと、「アジア・コメ市民行動週間（WORA＝Week of Rice Action）」を呼び掛けました。3月末から4月初めにかけて行なわれた同年のWORAには、インド、バングラデシュ、ネパール、パキスタン、スリランカ、フィリピン、マレーシア、カンボジア、インドネシア、タイ、韓国、中国、日本の13カ国が参加。「稲作文化を祝い、守る」をテーマに、各国でデモやセミナー、ワークショップなどが開催されました。その後もWORAへの参加国は増え、日本消費者連盟も参加した2011年のマレーシアでの遺伝子組み換え作物に対抗する戦略会議で「GMフリーネットワーク・アジア」という、緩やかなネットワークが設立されました。アジアと言っても、民族、言語、宗教、気候は様々ですが、コメを主食とする点で一つの文化圏を形成しています。アジア各国が一丸となって「ゴールデンライス」反対運動を続けています。

◆共通課題で手を組む東アジア消費者運動

最近は、東アジア圏での連携も深まっています。2010年に名古屋で開催された第10回生物多様性条約締約国会議（COP10）に韓国の市民団体を招いたのを機に、2014年には韓国での第12回生物多様性条約締約国会議（COP12）に日本消費者連盟や生活協同組合、農民団体が参加し、共同記者会見を開催したり、デモを行ったりしました。交流を続ける中で遺伝子組み換えナタネ自生の合同調査も実現しました。調査自体は2004年に日本で始まったものです。毎年、全国各地で市民が手弁当で調査を行い、カナダから輸入した遺伝子組み換えナタネが港や幹線道路沿いに自生している実態を明らかにしています。日本と同じように遺伝子組み換え作物を輸入する韓国でも自生の可能性が高いとして、調査を呼びかけたところ、現地の生協などが応えてくれました。韓国ではその後、官民による大規模な調査が行われ、遺伝子組み換えナタネの自生が明らかになると、遺伝子組み換え作物を輸入し続ける限りこの問題は解決できないとして、遺伝子組み換え反対の機運が盛り上がりました。

２０１８年には韓国の「ＧＭＯ反対全国運動」と台湾の「非ＧＭ推進連盟」、そして日本消費者連盟も参加する「遺伝子組み換え食品いらない！キャンペーン」の３者が「ＮＯＮ-ＧＭＯアジア・フォーラム」を結成しました。いずれの国も遺伝子組み換え作物の商業栽培は行っていませんが、米国やカナダ、ブラジルといった遺伝子組み換え栽培国から大量の穀物を輸入しています。しかも、米国との自由貿易協定でこれまで以上に遺伝子組み換え穀物の輸入を強いられ、遺伝子組み換え食品制度の改悪を求められています。同年５月に台湾で行われた結成式では、食の安全が脅かされているという共通認識の下、生物多様性の維持、食料主権の確立、食品の中身を知る権利を求めて共闘する宣言文書を確認しました。その後、浮上したＲＮＡ干渉法という新たな方法を用いた遺伝子組み換えジャガイモの取扱いについて３カ国それぞれ自国のマクドナルド社に質問状を送付。消費者はこのようなものを受け入れることはできないとアピールしました。

学校給食問題でも日韓台で相互交流が活発になっています。実は、韓国と台湾は日本の一歩も二歩も先を行っています。韓国ではソウル市が２０２１年から市内すべての小・中・高校で有機食材給食を無償で提供すると発表。台湾は学校給食に遺伝子組み換え食品を利用することを禁止する法律改正を実現しました。いずれも大統領選挙や地方選挙で学校給食に国産の食材を使うことや遺伝子組み換え食品を使わないことを公約に掲げさせた市民の力によるものです。日本でも再び学校給食運動が盛り上がりを見せています。各地で子どもたちに安心で安全な給食を食べさせたいと、有機無農薬食材の給食を求めて親や地元住民が動き出しました。今後は私たちも韓国や台湾の例に倣い、選挙という市民要求実現の場を利用した運動に踏み出す必要がありそうです。

（日本消費者連盟事務局長・共同代表）

あとがき

大野　和興

本書を手に取っていただき、ありがとうございます。制作・発行を担いました特定非営利活動法人・日本消費者連盟を代表して、お礼申し上げます。日本消費者連盟（以下、日消連）とはどのような組織なのか。その説明からさせていただきます。

日消連が設立されたのは日本が高度経済成長の真っただ中にいた１９６９年です。経済の成長に合わせて企業が出すさまざまな公害、開発による環境破壊、農薬・化学肥料の多投を前提とする農業生産の近代化と食料生産の工業化に伴う食の安全への疑問、人権侵害などさまざまな社会問題が噴出していました。日消連は消費者の立場からそれら一つひとつの課題に、政府や大企業を相手に正面から立ち向かう活動を続けてきました。財政は会員からの会費のみに頼り、どこにも依存しない、自立・自由の姿勢を一貫してつらぬいています。

また、消費者が日常の生活の中で直面するさまざまの課題を掘り起こして調査し、市民社会に明らかにする月刊『消費者リポート』の発行、さまざまな課題に問題提起するブックレット、映像などを提供しています。本書の著者マーティンさんは欧州の消費者運動の現場での活動の後、来日し、現在日消連の運営委員として活動しています。英文で発行する資料や映像資料など広報面で力を発揮していただくと同時に、運営委員会に置かれた国際委員会でも委員として海外の消費者運動と国内の消費者運動をつなぐ役割を果たしています。本書に収録したエッセイ「マーティンの鵜の目鷹の目」はこの『消費者リポート』に長年連載されたもので、彼の世界の消費者運動における豊かな現場体験と日本での田舎暮らしの日常を織りまぜながら、鋭く、そしてユーモアたっぷりに、私たちを取り巻く消費者問題のみならず社会に満ちている矛盾やおかしさを独自の視点で切り取り、伝えてくれています。マーティンさんが私たち日本の消費者運動に仲間になってもう20年以上たちます。その間の一コマを、生物多様性の問題やバイオテクノロジーの危なさなどの問題を軸に彼と長年一緒に運動を続け、本書でも解説を書いていただいたジャーナリストの天笠啓祐さんに振り返ってもらいました。天笠さんはマーティンを親しみを込めてマーチンと呼びます。以下は原文のままです。

マーチンとの出会い　　天笠啓祐

マーチンとの出会いは2000年でした。その年から日本で、コーデックス委員会バイオテクノロジー部会が開催されました。コーデックス委員会は、食の基準や規格、表示などの国際基準を決める国連の関連機関です。そこで4年間かけて遺伝子組み換え食品の安全審査の国際基準を決めることになっていました。日本でも遺伝子組み換え食品の反対運動が高揚していた時期にあたり、私たちも会場周辺をデモしたものです。マーチンはそのバイオテク部会に、スウェーデン政府の代表団の一員の消費者代表としてやってきました。連れ合いだったアキコさんも遺伝子組み換え食品反対に取り組んでおり、この時、私たち日本の消費者団体と交流を深めました。

その後、マーチンは、日本に住み禅寺で修行したり、陶芸を始めるなど、日本文化にどっぷりとつかりました。一方、アキコさんはスウェーデンにすみ、GMOフリーゾーン運動に取り組むという、ちょっと変な夫婦でしたが、とても仲が良いのです。マーチンが来日した頃は、ユーモアたっぷりの好青年ということで人気があり、消費者運動に取り組んでいる女性たちから引っ張りだこでした。

本書の編集が最終段階に差し掛かった頃、私自身が体調を崩して完成が2カ月ほど遅れてしまい、マーティンさんをやきもきさせてしまいました。刊行にこぎつけてほっとしています。おもしろい本が出来たと思います。ぜひまわりに薦めてください。

（農業ジャーナリスト　日本消費者連盟共同代表）

2021年2月

著者紹介
マーティン・J・フリッド（Martin J. Frid）
１９６６年、スウェーデンの南部の都市マルメで生まれる。ヨーロッパの消費者運動に関わったあと、18年前から日本に定住。現在、特定非営利活動法人日本消費者連盟運営委員として国際委員会で活躍。海外向けニューズレター「Japan Resources」発行を担当すると同時に、WEBや映像の発信にも尽力する。野菜作りや陶芸が趣味。埼玉県飯能市に山の中に住む。日本語の著書に『ニッポン食の安全ランキング５５５』(2009年、講談社)。

翻訳　**清水洋子**（しみず　ようこ）

表紙絵　**清重伸之**（きよしげ　のぶゆき）

マーティンの鵜の目鷹の目
世界の消費者運動の旅から

■2021年３月18日初版発行
■著　者　マーティン・J・フリッド（Martin J. Frid）
■発　行　特定非営利活動法人　日本消費者連盟
〒169-0051 東京都新宿区西早稲田1－9－19－207
電話:03-5155-4765　FAX:03-5155-4767
https://nishoren.net/
■発　売　株式会社　社会評論社
〒113-0033　東京都文京区本郷2－3－10
電話:03-3814-3861　FAX:03-3818-2808
http://www.shahyo.com
■編　集　大野和興
■デザイン・組版　高野幹英
■印刷・製本　東京カラー印刷

日本消費者連盟のブックレット・パンフレット

日消連では、私たちの身近な問題のひとつひとつについてもっと深く知るために、ブックレットやビデオを発行しています。マスコミや市販の書籍ではわかりにくい問題の核心を、誰もが知っている言葉で、わかりやすく解説しています。お申し込みは下記まで。

【日本消費者連盟】　電話:03(5155)4765　FAX:03(5155)4767
Eメール:office.j@nishoren.org

【ブックレット】知ってほしい　食品添加物のこと

原英二著　定価:500円(送料別)A5判・64ページ

毎日の食生活に欠かせない加工食品。便利ですが、実はたくさんの食品添加物が使われています。安全性に不安があったり、海外では禁止されているのに日本では使われていたりと、添加物には多くの問題があります。本書は、そんな食品添加物の実態を紹介する「基本編」と、個別の食品を取り上げ、何が使われていて何が問題かをまとめた「個別食品編」の2部構成です。学習会のテキストにも最適です。

【ブックレット】グリホサート～身近な除草剤にひそむ危険

天笠啓介著　定価:500円(送料別)　A5判・64ページ

発がん性が疑われている除草剤グリホサート。世界では規制や禁止の動きが活発ですが、日本ではいまだにホームセンターなどで山積みになって売られています。ほとんど報道されることのないグリホサートの実態を、科学ジャーナリストで日本消費者連盟顧問の天笠啓祐さんがQ&A方式でやさしく解説します。私たちにできることも提案しています。

【パンフレット】モルモットになりたくない！除草剤グリホサート

定価:300円(送料別)横長B6判・16ページ・カラー

いま世界中でがんやアレルギーなどの健康被害が増えています。その原因の一つとして強く疑われているのが農薬です。なかでも、この20年間に急激に増えてきた除草剤グリホサートは、健康や環境への悪影響が明らかになっています。世界では使用規制や禁止の動きが広がっていますが、日本は残留基準値を緩和するなど、世界の流れに逆行しています。

【パンフレット】みんなで減らそうプラスチック

栗岡理子監修　定価:300円(送料別)　縦長B6判・16ページ・カラー

プラスチックごみが川から海に流れて海洋生物を汚染しています。とくに5ミリメートル以下のマイクロプラスチックが、有害化学物質を吸着して生態系に影響を与えるといわれています。柔軟剤に含まれるマイクロカプセルや化学繊維から出るマイクロファイバーも、マイクロプラスチックの一種です。暮らしの中からプラスチックそのものを減らしていく方法を提案。イラスト満載で絵本のような感覚で楽しめます。

日本消費者連盟のブックレット・パンフレット

【パンフレット】みんなモルモット！遺伝子組み換え食品

【パンフレット】私たちはモルモット?!　ゲノム操作食品

各定価：300円（送料別）　B6判・16ページ・カラー

遺伝子は生き物のいのちの設計図です。そんな大切な遺伝子を人間の都合で操作して作られる遺伝子組み換え食品。私たちはいまだかつて食べたことがない食品を20年以上食べています。食品としての安全性、環境への影響、企業による種子支配など、遺伝子組み換え食品にはさまざまな問題が明らかになっています。さらに今、自由自在にゲノムを操作できる技術が開発されています。この技術は食の安全を脅かし、地球の生態系を破壊する恐れがあります。そのゲノム操作食品が私たちの食卓に侵入しつつあります。

香害三部作

【ブックレット】香害110番～香りの洪水が体を蝕む～

頒価500円　A５判・68ページ

日本消費者連盟は、2017年に香りの害で苦しむ人を対象に電話相談「香害110番」を実施しました。そこには、近隣の洗濯物や職場、学校などに充満する香りで、日常生活を送れないほどの苦しい症状を訴える声があふれました。いまや100万人とも言われる香害に苦しむ人のリアルな声がここにあります。その原因を究明すると同時に、これを機に立ち上がった患者や市民団体、周囲の理解を求めるために動きだした草の根の運動も紹介します。

※香害とは：柔軟剤、消臭除菌スプレー、制汗剤、芳香剤、合成洗剤などの強い香りを伴う製品による健康被害のこと。体臭は含まれない。

【ブックレット】ストップ！香害～余計な香りはもういらない

頒価：500円（送料別）A5判・72ページ　　2020年11月刊

香害をなくす連絡会（事務局・日消連）は2020年春に「香害アンケート」に取り組み、9000人の声を集めました。そこから、香害の原因のトップが柔軟剤であり、香りで体調不良を起こした人の2割が職場や学校に行けなかった実態が明らかになりました。連絡会からのメーカーや国への働きかけ、地方自治体の香りの自粛啓発や教育委員会の対応なども紹介しています。ブックレット「香害110番」に続く香害問題第2弾。

【DVD】香害110番

2019年／カラー／28分　　定価　上映権付き１,500円（送料別）

日本消費者連盟は、2017 年に香りの害で苦しむ人を対象 にした電話相談「香害(こうがい)110 番」を実施。患者の会や環境問題などの市民団体とともに“香害をなくす“運動に取り組み、被害者の苦しみを訴え、原因と解決の道を探るDVDを制作しました。制作経費は、多くの方からのご寄付で賄いました。映画は、被害の実態、医師や科学者ら専門家の意見、逃げ腰の政府機関、無視を決め込む企業、各地で動 き出した市民の運動とそれを受け止めて対策に乗り出した地方自治体や議会の活動を紹介しています。